SÉRIE SUCESSO PROFISSIONAL

COMO ESCREVER MELHOR

José Paulo Moreira de Oliveira e
Carlos Alberto Paula Motta

PUBI

PUBLIFOLHA
www.publifolha.com.br

PUBLIFOLHA
Divisão de Publicações do Grupo Folha
Al. Barão de Limeira, 401, 6º andar
CEP 01202-900, São Paulo, SP
Tel: (11) 3224-2186/2187/2197
www.publifolha.com.br

COORDENAÇÃO DE PROJETO
PUBLIFOLHA
ASSISTÊNCIA EDITORIAL: Cláudia Ribeiro Mesquita
COORDENAÇÃO DE PRODUÇÃO GRÁFICA: Marcio Soares
ASSISTÊNCIA DE PRODUÇÃO GRÁFICA: Soraia Pauli Scarpa

PRODUÇÃO EDITORIAL
AF COMUNICAÇÕES
EDIÇÃO: Fernando Moreira Leal
REVISÃO DE TEXTO: Marcia Menin
e Carla C.C.S. Mello Moreira

PRODUÇÃO GRÁFICA
CRAYON P&PG
DIREÇÃO DE ARTE: Alberto Mateus
COORDENAÇÃO: Fernanda Marão

A grafia deste livro segue as regras do **Novo Acordo Ortográfico da Língua Portuguesa**

Este livro foi impresso em novembro de 2010 pela Cromosete sobre papel offset 90 g/m².

SUMÁRIO

As Principais Técnicas

Na Hora de Escrever

Modelos para o Dia a Dia

INTRODUÇÃO

Saber tirar o maior proveito da escrita é essencial para quem quer crescer em um mercado de trabalho extremamente competitivo e exigente. Como Escrever Melhor *é ferramenta valiosa para enfrentar esse desafio imposto pelos novos tempos. Dividido em quatro partes –*A Importância de Escrever Bem, As Principais Técnicas, Na Hora de Escrever *e* Modelos para o Dia a Dia–, *este livro mostra como projetar a imagem certa, como definir a linguagem mais adequada ao leitor e como fazer bons e-mails, relatórios, cartas e outros textos do cotidiano. E sempre com dicas e conselhos, que ajudarão você a tornar-se um ótimo comunicador. Além disso, 101 lembretes destacam os segredos do sucesso nessa área. No final, um teste exclusivo permitirá avaliar suas habilidades e desempenho como um bom comunicador.*

A Importância de Escrever Bem

Na sociedade da informação e do conhecimento, dominar a escrita é fundamental. As decisões dependem das cartas, dos relatórios e e-mails, que todos precisam escrever.

O Texto na Era Digital

Saber comunicar-se com eficácia constitui uma enorme vantagem competitiva no atual mercado de trabalho. A capacidade de absorver, transformar e transmitir informações –principalmente na forma escrita– é fundamental para o êxito dos negócios.

1 Na sociedade do conhecimento, todos devem ser comunicadores.

2 Escrever bem é projetar uma imagem de eficiência.

3 Quem escreve bem mobiliza e influencia pessoas.

Vitrine Profissional

A linguagem escrita transmite sua imagem como profissional aos leitores –colegas, chefes, subordinados, clientes e fornecedores. Valores, crenças e ideologias, personalidade, tudo se torna evidente no texto que você produz. E não para por aí. Seu conhecimento, sua formação, sua organização e sua capacidade de ser criativo também afloram em função da escolha das palavras e da maneira como você distribui as informações.

É preciso ainda que sua informação tenha credibilidade. Para confiar no que está lendo, é essencial que o leitor, antes de mais nada, confie em você.

DERRUBANDO VELHOS MITOS

Muitos profissionais ainda consideram antiquado o ato de escrever. Pensar assim é um grande equívoco. Atualmente, em plena era digital, escrever tornou-se uma necessidade do dia a dia, mais importante talvez do que em qualquer outra época. Além disso, é preciso que se derrube outro mito: o de que, sem inspiração, é impossível escrever. Nada mais falso. Com técnicas, método, prática e bons modelos, todos podem escrever bem. Um terceiro mito é o de que a qualidade do texto já basta, não importa o leitor. A verdade é que nenhum texto tem qualidade se não atender às necessidades de informação do leitor.

4 Ao abandonar velhos mitos, você se sentirá mais livre para escrever.

5 O bom redator domina as novas tecnologias de comunicação.

É HORA DE MUDAR

No dia a dia da empresa, é a burocracia que define quem decide e quem executa, quem pode e quem não pode fazer. Isso pode refletir negativamente sobre os textos produzidos e gerar uma linguagem previsível e contida, calcada em modelos pré-fabricados a serem seguidos sem alterações. Para qualquer público, em qualquer situação, utiliza-se o surrado modelo, com a alegação de não haver tempo para produzir nada diferente. Nesse comportamento está implícito o medo da crítica. Todos podem mudar essas regras e fazer do texto um grande aliado profissional, capaz de transformar, mobilizar e influenciar pessoas.

▼ **COM AS NOVAS TECNOLOGIAS**
A era digital ampliou a importância de escrever e as novas tecnologias tornaram o processo comunicativo mais eficaz.

A EVOLUÇÃO DA COMUNICAÇÃO ESCRITA

Para entender a importância da linguagem escrita e saber como usá-la, você tem de compreender sua evolução ao longo do tempo. Hoje, com as novas tecnologias, prevalecem a objetividade e a maior informalidade nas relações com o leitor.

> **6** O comunicador está em sintonia com a linguagem de seu tempo.

LEMBRE-SE

- A linguagem escrita vem crescendo em importância no contexto empresarial.
- As mailing-lists, os bancos de dados e a Internet são processos estratégicos de mobilização de negócios.
- O e-mail vem tornando-se ferramenta importantíssima, a ponto de substituir o contato telefônico, por conta da agilidade e da possibilidade de registro.
- A informação passada por escrito vale como documento. Por isso, tenha cuidado redobrado com os textos produzidos.

O TEXTO ONTEM E HOJE

A sociedade passou por três grandes momentos: a era agrícola, a industrial e, agora, a digital, também chamada de era do conhecimento. Essa evolução foi acompanhada de várias mudanças no texto que circula na vida profissional. A mais recente e expressiva é a transição da linguagem retórica e protocolar, que prevalecia anteriormente, para uma tendência à objetividade e maior informalidade nas relações com o leitor, predominantes hoje. O papel da tecnologia nesse processo é significativo, com a crescente importância da apresentação gráfica do texto.

▶ A EVOLUÇÃO TECNOLÓGICA
Juntamente com a mudança das máquinas, os homens foram mudando o modo como escrevem.

Teclas operadas manualmente

MÁQUINA DE ESCREVER MANUAL

A máquina de escrev elétrica facilitou datilograf

MÁQUINA DE ESCREVER ELÉTR

A MUDANÇA VISUAL

Tornar o texto mais visual significa usar a linguagem de nosso tempo. Já vai longe a era do rádio, quando o apelo era predominantemente auditivo. Para as novas gerações, televisão, Internet, videogame e recursos multimídia são parte do dia a dia –e seria inútil lutar contra isso. Recursos visuais podem ser inteligentemente explorados nos textos que você produz. Veja se é possível usar esquematizações –segmentando as informações em itens–, gráficos, tabelas e figuras. Use também cores, que chamam a atenção do leitor.

7 Quando a massa de texto é grande, a saída é dividi-lo em itens.

8 Para benefício do leitor, limite o número de informações por página.

O LEITOR EM PRIMEIRO LUGAR

Na comunicação empresarial moderna, é imprescindível que o leitor seja o foco principal de todo e qualquer material escrito. Por exemplo: benefícios devem ser claramente explicitados, deixando-se para trás a mera descrição de produtos e serviços. Os textos devem ser simples, diretos, claros, dinâmicos, persuasivos e objetivos.

teclado ganhou a companhia de ma tela e de um processador

Aumentou o número de funções possíveis

COMPUTADOR ANTIGO

As máquinas novas têm diversas funções e mais memória

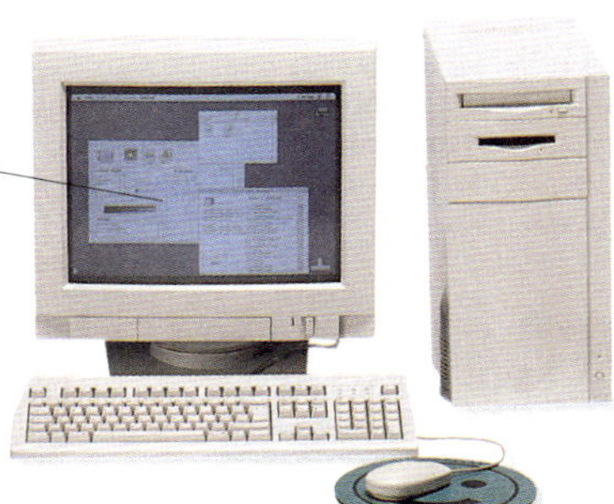

COMPUTADOR ATUAL

O BOM E O MAU COMUNICADOR

Todo profissional deve ter como meta tornar-se um bom comunicador, o que é fundamental para seu sucesso. Por isso, precisa reconhecer a diferença entre o mau e o bom comunicador e ser capaz de fazer a transição de um estágio para outro.

9 No dia a dia da empresa, você não precisa ser um escritor genial.

10 Mas é fundamental que seja um bom comunicador.

PRINCIPAIS DIFERENÇAS

É fácil identificar o bom comunicador: ele se organiza antes de escrever, procura ter domínio do assunto a ser desenvolvido, tem objetivos definidos capazes de levar o leitor à ação, mantém o foco nas necessidades de informação do leitor e refaz o que escreveu, buscando mais clareza e legibilidade. Já o mau comunicador é apressado, joga as informações sem planejamento ou técnica e deixa ao leitor a difícil tarefa de entender o que ele quer dizer.

▼ CONTRASTES MARCANTES

Há um verdadeiro abismo entre o mau e o bom comunicador, mas é possível evoluir de um para outro.

UMA MÁ COMUNICADORA

UMA BOA COMUNICADORA

O Comunicador e seu Texto

Todo texto reflete o modo como foi concebido e trabalhado. É por isso que o texto do mau comunicador mostra pouco caso com o leitor, enquanto o do bom comunicador deixa transparecer a preocupação com a organização e a adequação da linguagem.

> **11** Não queira ser mais importante do que o próprio texto. O leitor agradece.

Rio de Janeiro, 31 de março de 2000.

Assunto: Programa Pequenos Empreendedores da Zuntec-RJ

Prezado Senhor,

O Programa Pequenos Empreendedores da Zuntec-RJ visa proporcionar a todos os participantes a oportunidade ímpar de gerar e administrar uma empresa própria.

Todo participante receberá noções precípuas de gestão e comercialização de produtos, tomada de preços, controle de qualidade, estoque e formação de cooperativas, além de aprender na prática técnicas modernas nas áreas de vestuário, alimentação, estética e artesanato.

A Zuntec espera com essa iniciativa proporcionar a todos, sem dispêndio para os participantes, mais oportunidades, renda e qualidade de vida.

Em havendo interesse de V. S.ª, maiores informações poderão ser obtidas pelo telefone 0800-000000.

◄ TEXTO DO MAU COMUNICADOR

Aqui o redator não está preocupado em se comunicar. A linguagem é rebuscada, o texto é burocrático e o leitor não se vê motivado a participar do programa da Zuntec.

PROCURANDO NOVAS OPORTUNIDADES, MAIS DINHEIRO E MELHOR QUALIDADE DE VIDA?

Se é isso que você quer, uma ótima saída certamente está em participar do Programa Pequenos Empreendedores, uma iniciativa da Zuntec-RJ.

Nesse curso, você vai saber como criar e administrar seu próprio negócio.

Você vai aprender, de maneira fácil e prática, como:

- ✔ gerenciar e comercializar produtos;
- ✔ fazer tomadas de preços;
- ✔ melhorar a qualidade do produto e do serviço;
- ✔ controlar o estoque;
- ✔ formar e participar de cooperativas.

Além disso, você ainda vai aprender as mais modernas técnicas de gerenciamento nas áreas de vestuário, alimentação, estética e artesanato.

Tudo isso sem gastar um tostão.

Ligue para 0800-000000 e faça já sua inscrição.

Essa é a oportunidade que você tanto esperava.

TEXTO DO BOM COMUNICADOR ►

Perceba como o redator deste texto está o tempo todo preocupado em ser um bom comunicador. Ele organizou o texto, dividindo as informações principais em itens, manteve o foco no leitor e revisou o texto.

A Essência do Texto Eficaz

O bom texto reúne vários atributos: passa a imagem certa, reúne os elementos essenciais à comunicação, leva o leitor à ação, é fruto do domínio do assunto, da linguagem e da quantidade de informações adequadas ao objetivo.

12 Bons textos protegem o capital social de seus relacionamentos.

Defina sua Imagem

Cooperativo	X	**Limitado**
Ousado	X	**Burocrático**
Democrático	X	**Autoritário**
Cordial	X	**Descortês**
Simples	X	**Pomposo**

Projete a Imagem Certa

Por que é importante que o redator projete a imagem certa por meio de seu texto? Porque, da mesma forma que nas relações interpessoais, imagem e credibilidade estão intimamente associadas. O leitor só vai acreditar no que lê quando o redator conseguir projetar uma boa imagem de si mesmo, adequada à situação. Em outras palavras, se você quer levar o leitor à ação desejada, é fundamental que ele crie uma boa imagem a seu respeito. O leitor precisa confiar em você. Como você quer parecer ao leitor? Jovial, bem-humorado, descontraído, formal, sério, ousado? Muita coisa pode variar conforme o leitor. Mas lembre-se de sempre ser simples, objetivo, cooperativo e cortês.

13 **A linguagem escrita é importante canal de comunicação com o cliente.**

A organização é fundamental para o bom texto

FAÇA UM PLANEJAMENTO

Antes de começar a escrever, organize-se. Se você não sabe aonde quer chegar, o leitor ficará sem saber por que você escreve para ele, o que efetivamente você quer dele e qual a razão de ele ter de perder precioso tempo na tentativa de decifrar enigmas. O leitor não é obrigado a adivinhar quais são suas verdadeiras intenções de comunicação. O bom texto deve ser capaz de transmitir mensagens com objetivos definidos e de gerar ações. Além disso, deve ser preciso –uma base segura para a tomada de decisões.

ATRIBUTOS DO TEXTO EFICAZ

1. **Projeta a imagem certa**
2. **Parte de um planejamento**
3. **Utiliza linguagem adequada ao leitor**
4. **Respeita conhecimento prévio do leitor**
5. **Transmite informações na dose certa**

ESCOLHA A LINGUAGEM ADEQUADA

Você comparece a um churrasco à beira da piscina usando fraque e cartola? Você veste bermuda e sandália de dedo para assistir às bodas de prata de seus pais? Lembre-se de que existe o traje adequado para cada ocasião. Observe, ainda, que, na conversa entre pessoas, repete-se o mesmo processo. Você se torna formal, semiformal ou informal, dependendo da intimidade, do grau de parentesco, da faixa etária ou até mesmo do nível de escolaridade de seu interlocutor. Comunicar-se por escrito não é diferente. Utilizando a linguagem mais adequada ao contexto e adaptando seu vocabulário às necessidades de informação do leitor, você demonstra respeito por ele. O leitor certamente reconhecerá o quanto você se esforçou para produzir um texto eficaz e comunicativo.

DOMINE O ASSUNTO

Procure ter o total domínio do assunto a ser desenvolvido em seu texto. Afinal, ninguém escreve sobre aquilo que não sabe. Como conseguir isso? Reúna previamente a quantidade de informações necessária para fundamentar o assunto a ser abordado. Você precisa de uma boa quantidade de dados para poder separar o essencial do importante e o importante do que é apenas acessório. Resista sempre à informação superficial, diluída e busque aprofundar-se o mais possível no assunto.

14 Aprofunde-se. Resista à informação superficial.

Na pesquisa, use todos os recursos disponíveis, como publicações, CD-ROMs e a Internet

Não confie na memória. Tome nota de tudo

▲ **POR QUE PESQUISAR**
Ao concluir uma pesquisa, tente separar as informações a serem passadas em três tipos: essenciais, importantes e acessórias. Isso ajuda a organizar o texto.

15 Não comece a escrever sem ter certeza do que quer comunicar.

MAS CUIDADO COM AS ARMADILHAS

Você deve ter cuidado para não se perder nos labirintos da informação e do conhecimento. Evite fascinar-se pelo mundo de informações que você ainda não conhece. A pesquisa pode levá-lo a vários outros caminhos e aí existe o perigo de você perder o rumo. Isso costuma acontecer com relativa frequência. Tantas são as informações que você não saberá qual delas privilegiar. Concentre-se no que for pertinente.

TRANSMITA A DOSE CERTA DE INFORMAÇÕES

Você deve dar ao leitor apenas as informações de que ele precisa para agir. Nem mais, nem menos. Redatores com formação em ciências exatas tendem a ser mais concisos; redatores com formação em ciências humanas tendem a ser mais prolixos. Para os "exatos", uma dica: concisão não é necessariamente sinônimo de objetividade. Se você reduz, por exemplo, um texto de quinze páginas a três ou quatro parágrafos, certamente vai faltar informação. Além disso, leitores detestam textos secos, que não explicitam a informação. Concisão demasiada pode ser interpretada como grosseria, descaso, desrespeito ao leitor. Para os "humanos", um conselho: é preciso ser objetivo. Concentrando no texto um número abusivo de informações, você pode desnortear o leitor.

16 As necessidades do leitor devem guiar a pesquisa.

17 A comunicação é um jogo em que ninguém deve entrar sem antes procurar saber com quem vai jogar.

PERGUNTE-SE

- **P** O que o leitor precisa saber?
- **P** Para que o leitor precisa dessas informações?
- **P** Que tipo de conhecimento o leitor já tem do assunto?
- **P** Qual vai ser a utilização do texto?
- **P** Quem se pretende alcançar com este texto?
- **P** A linguagem e o vocabulário utilizados estão adequados ao leitor?

E CONSTRUA SEU ICEBERG

Quando lemos um texto eficaz, estamos diante da ponta de um iceberg, aquele pontinho branco que aflora à superfície. No caso do iceberg, existe, embaixo da água, uma massa de gelo sólida e gigantesca que dá a sustentação necessária à sua estrutura. Da mesma forma, no caso do texto, há uma massa de informação que o apoia, sem a qual ele não se sustenta. Ou seja, o texto é apenas o resultado final do trabalho, a ponta do iceberg.

Produzir um bom texto é como construir um imenso iceberg. Mas não se assuste diante dessa tarefa: apesar de parecer grande, ela está ao seu alcance.

Como Identificar Textos Ineficazes

Há "modelos" de texto que devem ser evitados, muitos dos quais são "templates", reproduzidos sem questionamento: os que não respondem ao básico, os que passam imagens indesejáveis e os que tentam disfarçar a falta de informação.

18 Escrever bem é manter um bom relacionamento com o leitor.

19 O texto ruim projeta imagem ruim do redator e da empresa.

Problemas Formais

Em geral, textos ineficazes –aqueles produzidos pelos maus comunicadores– apresentam problemas formais. É o caso, por exemplo, da escrita rebuscada e difícil ou do emprego de construções que, embora gramaticalmente corretas, estão em desuso. Além disso, a linguagem tende a ser burocrática e protocolar, ou então com uso abusivo de modismos linguísticos. Rimas e má ordenação de palavras na frase também são comuns. Isso sem mencionar os problemas gramaticais.

▶ Características se repetem

Há um padrão de textos problemáticos, com uma ou mais das seguintes características.

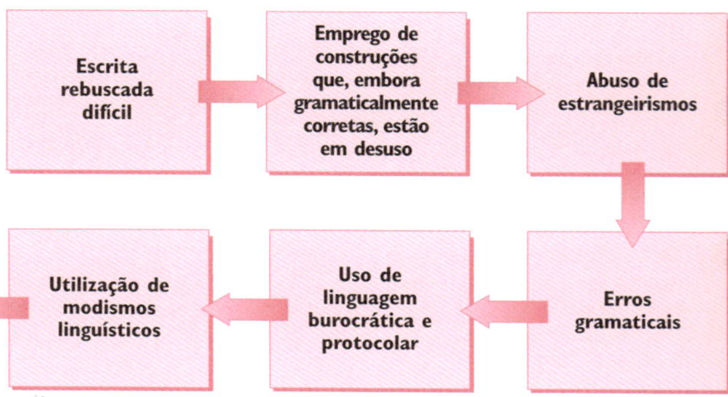

O TEXTO QUE NÃO RESPONDE AO BÁSICO

No cotidiano profissional, o texto ineficaz geralmente é feito com pressa sem que as perguntas certas tenham sido respondidas: para quem o texto está efetivamente sendo escrito? Qual o objetivo do texto? O que o leitor precisa saber? Para que ele precisa dessas informações? Que tipo de conhecimento o leitor já tem do assunto?

20 O texto deve definir bem seus objetivos para levar o leitor a agir.

DESLEIXO, DESCORTESIA E INCOMPETÊNCIA

Mariana, que tem dois filhos no curso Oregon, recebeu esta carta e ficou intranquila. Será que algum de seus filhos foi reprovado? Será que ela deixou de pagar alguma mensalidade?

Curso Oregon

FILIAL CENTRO: Rua Carnaúba, 147 s/loja tel: xxx.xxxx
FILIAL VALE DOS SINOS: Travessa do Imperador, 25 tel: xxx.xxxx
FILIAL POSTO QUINZE: Rua Barros do Monte, 1.387 tel: xxx.xxxx
FILIAL SIMON BOLIVAR: Rua Canoa Furada, 15 s/loja tel: xxx.xxxx
FILIAL LARGO DO MITO: Av. Cosmos Leite, 2.567 lj. B tel: xxx.xxxx
FILIAL CHAFARIZ: Ladeira do Mingau, 23 tel: xxx.xxxx
FILIAL CANCELA: Av. Memória Lusitana, 2.400 tel: xxx.xxxx

Rio de Janeiro, ❶ 05 AGO. 1999

Prezado (a) Senhor (a): ❹

Solicitamos comparecer com a máxima urgência à secretaria desta Filial, a fim de tratar de assunto de seu interesse. ❸

2LML ❷
Secretaria

Legendas

❶ *O carimbo torto no lugar da data mostra desleixo*

❷ *A rubrica em vez do nome do emissor faz com que Mariana não saiba quem pode ser contatado*

❸ *A ausência de informações específicas deixa-a sem saber aonde ir*

❹ *A desinformação do redator sobre a pessoa a quem a carta deve ser encaminhada fica evidente*

O Texto do Sabichão

Sabichão é o redator unicamente preocupado em dizer que sabe. Ele passa essa imagem no texto ao mostrar que o importante não é informar o leitor e sim valorizar os esforços despendidos para obter a informação. Não importa a eficácia da mensagem, mas vender uma imagem de conhecimento, esforço e competência. Resultam daí textos prolixos, com profusão de tecnicismos, frases longas e detalhes irrelevantes, dispensáveis.

Certo	Errado
COMPRAS/ CONTRATAÇÕES DE SERVIÇOS Os procedimentos estão conforme a legislação.	COMPRAS/ CONTRATAÇÕES DE SERVIÇOS Analisamos exaustivamente esses itens e constatamos, após longos e laboriosos estudos, que os procedimentos adotados, quanto aos quesitos compras e contratações de serviços, estão consoante a legislação vigente.

▲ DIRETO AO ASSUNTO
O primeiro texto vai direto ao assunto. O segundo quer passar um rebuscamento inútil.

Aberturas e Fechos do Submisso

Evite as seguintes aberturas:

- Sirvo-me da presente para...
- Tem esta a finalidade de...
- Temos a honra de informá-lo de...
- Vimos por meio desta...
- Por esta informamos...
- Vimos submeter à alta apreciação de V. Sª...

Evite os fechos tradicionais de cortesia do tipo:

- Sendo o que se nos apresenta para o momento
- Sem mais para o momento
- Sem outro particular
- No aguardo de suas iluminadas críticas a respeito, subscrevemo-nos
- Aproveitamos o ensejo para renovar os nossos protestos da mais elevada estima e consideração

O Texto do Submisso

Submisso é o redator preocupado em dizer que conhece seu lugar dentro da estrutura hierárquica da organização. Sua linguagem previsível, escorregadia e sinuosa reflete a preocupação do redator com as instâncias de poder. O submisso evita correr riscos pelo leitor, não o surpreende. Abusa de expressões como "salvo melhor juízo" –que o eximem de qualquer responsabilidade. Resultam daí o uso abusivo de chavões burocráticos e a ausência de objetividade.

) Texto)o Modernoso

) redator modernoso é uma variante do re-
.ator sabichão. O modernoso quer vender
.ma imagem de sintonia com as ideias admi-
.istrativas provenientes de gurus, principal-
ıente norte-americanos. Por isso, ele acaba
epetindo à exaustão uma série de frases de
feito, com o único objetivo de se autopro-
ıover. O resultado disso são textos incom-
reensíveis, repletos de palavras inusitadas,
ıodismos linguísticos e termos técnicos,
ıseridos somente para compor um jogo
e aparências dentro da empresa.

21 Resista ao apelo dos termos da moda.

22 Modismos em excessso atrapalham a comunicação.

Uso de modismos que ainda não constam do dicionário → **Uso de estrangeirismos para vender uma imagem** → **Linguagem "high tech", despreocupada com o leitor** → **Texto oco e superficial**

. OS EXCESSOS
) texto que passa a imagem de modernoso dificulta a compreensão pelo leitor.

Palavras e Expressões do Modernoso

O modernoso gosta de "atingir patamares", "alavancar processos", "desenvolver atitudes proativas" e "otimizar resultados". Para ele, é preciso "tirar decisões", "priorizar espaços", "encontrar soluções" –"a nível de país": E mais:

- Ele não vive sem o "beach-soccer", o "delivery", o "coffee-break" e o evento "in-company", atividades que devem melhorar o "empowerment".
- Ele não convive; "vivencia". Ele não anexa; "atacha".
- Para o perfeito "mix", falta-lhe apenas adotar "randomicamente" atitudes emblemáticas "enquanto ser humano".

O Texto de Adorno

Pode ser até que alguns se impressionem com esse tipo de texto e até o considerem criativo. No entanto, é um texto que não se sustenta, e um leitor mais criterioso percebe o logro. Geralmente o texto de adorno trabalha com valores consagrados, criando uma espécie de positivo absoluto, um texto "curinga" repleto de valores inquestionáveis que se adaptam perfeitamente a qualquer tipo de redação, ainda que não digam a que vieram. Trata-se de uma estratégia de preenchimento de papel em que o redator, por sua incapacidade e desconhecimento, abandona qualquer posicionamento pessoal.

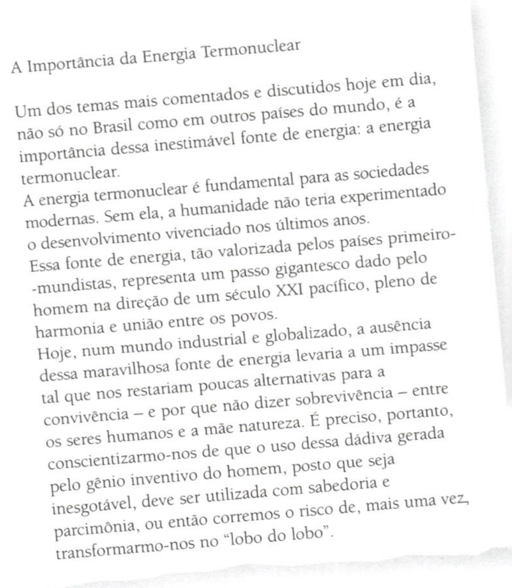

A Importância da Energia Termonuclear

Um dos temas mais comentados e discutidos hoje em dia, não só no Brasil como em outros países do mundo, é a importância dessa inestimável fonte de energia: a energia termonuclear.
A energia termonuclear é fundamental para as sociedades modernas. Sem ela, a humanidade não teria experimentado o desenvolvimento vivenciado nos últimos anos.
Essa fonte de energia, tão valorizada pelos países primeiro-mundistas, representa um passo gigantesco dado pelo homem na direção de um século XXI pacífico, pleno de harmonia e união entre os povos.
Hoje, num mundo industrial e globalizado, a ausência dessa maravilhosa fonte de energia levaria a um impasse tal que nos restariam poucas alternativas para a convivência – e por que não dizer sobrevivência – entre os seres humanos e a mãe natureza. É preciso, portanto, conscientizarmo-nos de que o uso dessa dádiva gerada pelo gênio inventivo do homem, posto que seja inesgotável, deve ser utilizada com sabedoria e parcimônia, ou então corremos o risco de, mais uma vez, transformarmo-nos no "lobo do lobo".

▲ O ADORNO É COMU
Exemplos de textos q
trabalham com o chama
"positivo absoluto" são encontrad
frequentemente nas empresa

▶ VALORES INQUESTIONÁVEIS
No texto de adorno, o redator usa valores que servem para esconder sua falta de informação e conhecimento.

O texto de adorno é uma estratégia de preenchimento de papel, sem posicionamento pessoal

23 A comunicação do texto técnico está ligada ao repertório do leitor.

24 Simplicidade impressiona muito mais do que erudição forçada.

O Texto Técnico Rebuscado

A linguagem técnica existe para tornar mais ágil a comunicação entre pessoas que atuam no mesmo campo profissional. Por isso, é natural que o leitor leigo, ao deparar com um tratado de física ou um livro de psicanálise, sinta-se alijado do processo comunicativo. Claro que esses textos comunicam. Tudo depende do conhecimento prévio do leitor, necessário à compreensão do assunto a ser tratado. O que se deve combater é a erudição forjada, vista em textos em que o autor está mais preocupado em esconder deficiências de informação e conhecimento –por meio de linguagem rebuscada, vazia e incompreensível a todos, leitores técnicos ou não.

◀ COMUNICAÇÃO ZERO

Este texto não é um ato de comunicação. O autor se preocupa mais em demonstrar erudição do que em externar objetivamente seu pensamento.

Egrégia Corte:

Trata-se de uma decisão insipiente, avolumada de razões férreas que norteiam a Doutrina em que os ínclitos doutrinadores vertem lágrimas de dor se forem vivos e esbravejam em trovoadas no Além os que lá já estão, pela sutileza envolvente nas profundezas do antirraciocínio, de modo a sucumbir a razão no poço abissal mais distante do Equador imaginário ou existente por acaso, em que a meta optata empreendida pelo autor, ora apelante, foi brutalmente coarctada, eis que, para a sentença suscita-se o Modus Faciendi atrofiando o Modus in Rebus, de modo a esfacelar o direito concreto e pulverizar os princípios elementares do direto natural e assim causando espécie aos seres de capacidade mediana, de vez que os sábios estão próximos do Olimpo e são praticamente inatingíveis.

O redator subestima o leitor, julgando-o incapaz de perceber o logro

O uso de latinismos não faz o menor sentido neste texto

O texto só vai irritar o leitor

As Principais Técnicas

Ninguém nasce sabendo escrever, e todos, sem distinção, são capazes de produzir bons textos. Com técnica, você pode alcançar ótimos resultados.

Como Entrar em Forma

Não existem receitas ou fórmulas infalíveis para escrever bem. O bom texto nasce da conjugação de três atitudes: ler, escrever e reescrever. Ler é a base do conhecimento; escrever é a base do crescimento e reescrever é a base do aprimoramento.

25 O conhecimento é condição indispensável para a criatividade.

26 O hábito de ler se conquista com garra e perseverança.

Leia de Tudo um Pouco

Cultive o hábito de ler como forma mais eficiente de captar informações, aumentar vocabulário e conhecer estilos de redação. Firme um compromisso pessoal: ler um jornal por dia, uma revista por semana e um livro por mês. E leia de tudo. De história em quadrinhos a texto técnico, de romance policial a livro de filosofia. Toda leitura, indistintamente, vai enriquecer seu vocabulário, mostrar diferenças de estilo e acrescentar informações relevantes sobre o mundo. Nesse processo, procure apreender informações que somem algo a seu conhecimento.

A Atitude Correta

Antes de escrever, reflita sobre sua atitude em rela-
ão ao que vai ser produzido. Entenda que texto
ão é filho: filho é filho; texto é texto. "Pai de texto"
ão aceita nenhum tipo de crítica, encarada como
fensa e diminuição da capacidade intelectual. Na
nente do "pai de texto", circulam frases do tipo:
Eu sou o chefe, como você ousa tirar a minha
írgula?"; "Se eu sou um advogado, como você
usa dizer que não está bem escrito?".

A atitude inteligente é entender que conheci-
nento técnico ou posição hierárquica não estão
m jogo. Aceite observações de quem está de fora.
ssa pessoa tem o necessário distanciamento para
ulgar a eficiência do que você escreveu.

27 Lembre-se: seu texto não é seu filho.

28 Tire proveito das críticas e observações de outros profissionais.

Chefe e subordinada discutem informalmente como deve ficar o relatório do departamento

Escrever Não É Castigo

A maioria dos profissionais vê o ato de escrever como mal necessário. A carta, o relatório, a proposta seriam tarefas penosas, das quais é importante se livrar o quanto antes. Na verdade, a proposta é o estágio final de uma longa e difícil negociação. O relatório é o resultado de várias horas de pesquisas, entrevistas e coleta de dados. A carta representa a boa imagem que você e sua empresa desejam preservar.

Escrever não pode ser apenas o apêndice de todo o processo; é a única parte visível do processo. O leitor só vai entender, valorizar e se comprometer com aquilo que leu.

◄ **DISCUSSÃO ABERTA**
Ao final de um trabalho escrito com prazer, você deve estar preparado para discuti-lo abertamente com seu chefe ou com um colega de escritório.

COMO MONTAR SUA FRASE

A frase é a unidade básica de um texto. Preservar a ordem direta, manter a concisão, fugir do lugar-comum e escolher a palavra mais adequada ao contexto são recursos valiosos para a construção de uma frase clara, objetiva e atraente.

29 Obedeça à ordem natural: sujeito + verbo + complemento.

30 Fuja do discurso oco e vazio, que só leva a uma linguagem de adorno, pomposa e ineficaz.

ESCOLHA EXPRESSÕES SINTÉTICAS

Na maioria das vezes, uma palavra diz o mesmo que duas ou três juntas. Sempre que você estiver diante desse "dilema", opte por menos palavras. Esse enxugamento não significa sacrificar a qualidade do texto. Ao contrário, reduzindo o número de palavras, você não apenas privilegiará a informação, como também poupará ao leitor tempo, produto cada vez mais escasso hoje em dia.

OPTE PELA CONCISÃO

EVITE	PREFIRA
Durante o ano de 1999...	**Em 1999...**
As multas foram aplicadas **em consonância com** o regulamento	Aplicamos as multas **conforme** o regulamento
Servimo-nos da presente para informar que...	**Informamos** que...
Solicitamos **efetuar a cobrança** dos débitos...	Solicitamos **cobrar** os débitos...

BUSQUE A PALAVRA CERTA

ncontrar a palavra exata para o que você quer izer exige riqueza de vocabulário e sensibilidade. 1as há alguns princípios a serem observados:
. O contexto pode determinar a escolha da me-1cr palavra. Ex.: "Furioso, o pai **arrastou** o filho elo braço". Quem está furioso não leva nem onduz; quem está furioso arrasta.
. Certas palavras, retiradas do contexto habitual, cabam por despertar o riso no leitor.
x.: "A cozinheira **botou** os ovos na geladeira". cozinheira não bota ovos; guarda-os.
. Há palavras "presas" a um contexto, positivo u negativo. Deslocá-las desse contexto habitual era problemas. Ex.: "O bombeiro **cometeu** um o de bravura". Pessoas cometem erros, crimes, ecados e praticam boas ações, atos de bravura.
. Palavras mal contextualizadas podem levar a 1terpretações absurdas. Ex.: "As denúncias serão **cepcionadas** pelo Procon". Denúncias não são cepcionadas; são recebidas.

PERGUNTE-SE

P A palavra escolhida é acessível a todos ou é termo estritamente técnico?

P Ainda que conste do dicionário, a palavra escolhida é de uso comum?

P A palavra escolhida é a melhor que se adapta ao contexto?

P A palavra escolhida serve a que propósito: esclarecer o leitor ou mostrar erudição?

P O estrangeirismo utilizado é adequado ao contexto e compreensível ao público a que o texto se destina?

31 Seja específico. Sua linguagem se torna mais clara e objetiva.

ABAIXO AS REDUNDÂNCIAS!

Evite a todo custo as redundâncias, repetições viciosas de ideia. Além de "engordar" o texto, podem levar o leitor a rir de você. Observe os exemplos:

- Fica **adiada** para **depois** a decisão do jogo.
- Necessário se faz **startar** o **início** do projeto.
- Solicitamos **manter** as **mesmas** condições de pagamento.
- Isso posto, **concluímos finalmente** que não é necessário recontratar a empresa.
- Foi uma **surpresa inesperada** receber seu convite para a inauguração da loja.
- Falta **elo de ligação** entre os setores da empresa.
- Todos devem dedicar-se ao projeto **full-time**, o **tempo inteiro**.

32 Faça as pessoas rirem com você, não de você.

COMO USAR FERRAMENTAS DE LINGUAGEM

Você pode recorrer a ferramentas de linguagem úteis para seu dia a dia. Eis algumas delas: privilegiar a voz ativa e usar verbos de ação; recorrer à passiva diplomática e evitar termos "curinga", capazes de obscurecer a informação.

33 Use de maneira consciente as ferramentas da língua portuguesa.

PREFIRA A VOZ ATIVA

Frases na voz ativa são mais curtas e vivas. Nelas o sujeito faz algo (Ex.: "O departamento solicitou dados"). As frases na voz passiva criam sensação de passividade –nesse caso algo acontece com o sujeito (Ex.: "Dados foram solicitados pelo departamento"). Além disso, o uso constante da voz passiva faz o texto parecer confuso, pela sucessão de períodos intermináveis. Nas referências à empresa ou a seus setores, use preferencialmente frases na voz ativa. Assim, você passará para o leitor a ideia de dinamismo e firmeza.

34 Frases curtas são preferíveis a frases extensas e intermináveis.

CERTO E ERRADO

Escreva:	Evite:
✔ A Zuntec está construindo novos laboratórios.	✗ Novos laboratórios estão sendo construídos pela Zuntec.
✔ A Zuntec está lançando três novas promoções em abril.	✗ Três novas promoções estão sendo lançadas pela Zuntec em abril.
✔ A Zuntec desenvolve trabalho de assistência social para comunidades de baixa renda.	✗ Trabalho assistencial é desenvolvido pela Zuntec para comunidades de baixa renda.

35 Suas iniciativas ganham força quando expressas na voz ativa.

)UANDO RECORRER À VOZ 'ASSIVA DIPLOMÁTICA

:mbora a voz ativa seja preferível, há circunstân-ias em que não é interessante apontar o agente a ação. É o que chamamos de "passiva diplomá-ica", recurso utilizado como estratégia para redu-ir o impacto negativo de algumas ações.

No dia a dia da empresa, dizer não, apontar rros, repreender um funcionário, contornar ituações de conflito são fatos corriqueiros –o deal seria que não acontecessem, mas na maioria as vezes são inevitáveis. O segredo é saber como ransmitir essas informações de maneira a preser-ar a cordialidade que deve permear as relações ntre os vários funcionários e segmentos que ompõem a empresa. Nesse caso em particular, voz passiva diplomática se revela um recurso xtremamente interessante.

36 Diga não, mas sempre com elegância.

37 Seja diplomático em suas relações com o leitor.

EXEMPLOS DE VOZ PASSIVA DIPLOMÁTICA

EM VEZ DE	USE
A clínica não pode liberar seu exame, pois o senhor não pagou a última mensalidade.	Seu exame não pode ser liberado, pois consta um débito em aberto.
Segue o orçamento para o reparo da vidraça que seu filho quebrou na quarta-feira.	Aqui vai o orçamento para o reparo da vidraça quebrada na quarta-feira.
Marcelo vai dispensar três colaboradores a partir de amanhã.	Três colaboradores serão dispensados a partir de amanhã.
O auditor responsável pelo levantamento constatou fraudes na contabilidade da empresa.	Constataram-se fraudes na contabilidade da empresa.

ATENÇÃO COM OS VERBOS

Na redação de normas, procedimentos e instruções, é fundamental que o leitor possa identificar os requisitos obrigatórios e distingui-los daqueles para os quais há certa liberdade de escolha. Assim, acaba a subjetividade, eliminam-se os meandros jurídicos e a eterna possibilidade de interpretações variadas –o leitor sabe que ações executar. Os verbos "dever", "poder" e "convir" foram internacionalmente escolhidos como os mais adequados para expressar requisitos.

38 Na redação de procedimentos, a linguagem deve ser muito objetiva.

▼ NA PRÁTICA

Veja abaixo quando se valer de cada um dos verbos que expressam requisitos.

SAIBA COMO USAR OS VERBOS DEVER, PODER E CONVIR

DEVER → **Forma de exprimir requisitos a serem seguidos rigorosamente, não permitindo desvios**

- ✗ *A licença será iniciada em dia útil, dando-se por finda em 30 de abril*
- ✔ *A licença deve começar em dia útil e deve terminar em 30 de abril*

PODER → **Forma de expressar requisitos para os quais existe liberdade de escolha**

- ✗ *A critério da empresa, admitir-se-á a participação de funcionários em eventos promovidos por entidades especializadas*
- ✔ *A empresa pode admitir a participação de funcionários em eventos promovidos por entidades especializadas*

CONVIR → **Forma de indicar que certo modo de proceder é preferível, mas não necessariamente exigível**

- ✗ *O corpo docente será constituído, preferencialmente, por funcionários do banco*
- ✔ *Convém que o corpo docente seja constituído por funcionários do banco*

EVITE TERMOS CURINGA

s palavras “mesmo”, “próprio”, “referido” e upracitado” e os demonstrativos “isso”, “isto” e quilo” são curingas e podem obscurecer a infor- ação. Em geral, curingas são dispensáveis. A sim- es mudança das palavras já imprime clareza e ojetividade à mensagem produzida.

> **39** Como em um jogo de cartas, os curingas “sujam” o texto.

CURINGAS DISPENSÁVEIS

CURINGA	FORMA CERTA
Antes de entrar no elevador, verifique se o **mesmo** se encontra parado no andar.	Antes de entrar, verifique se o **elevador** se encontra parado no andar.
Atenção, passageiros do voo 168! Informamos que o embarque do **mesmo**, quando autorizado, será realizado pelo portão nove.	Atenção, passageiros! O **embarque do voo 168**, quando autorizado, será realizado pelo portão nove.
Durante o assalto, os bandidos usavam escopetas, metralhadoras e duas granadas. As **mesmas** foram encontradas numa lata de lixo, na Praça da Sé.	Durante o assalto, os bandidos usavam escopetas, metralhadoras e duas granadas. As **armas** foram encontradas numa lata de lixo, na Praça da Sé.
Há muitos argentinos em Foz do Iguaçu. Para hospedar os **mesmos**, a rede hoteleira teve de se reaparelhar.	Há muitos argentinos em Foz do Iguaçu. Para hospedar os **turistas**, a rede hoteleira teve de se reaparelhar.
O filme *Crash* combina sexo bizarro, mutilações e violência. **Isso** vai dar o que falar.	O filme *Crash* combina sexo bizarro, mutilações e violência. **Essa mistura** vai dar o que falar.
Meu pai é louco por selos. **Isso** o deixa feliz.	Meu pai é louco por selos. **Esse passatempo** o deixa feliz.

COMO LIDAR COM A GRAMÁTICA

Conhecimento gramatical não é sinônimo de bom texto, mas o bom texto deve estar correto do ponto de vista gramatical. No entanto, ninguém precisa cair no extremo de não conseguir sair do primeiro parágrafo pelo simples temor de cometer erros.

40 Erros gramaticais denigrem a imagem de quem os comete.

41 Escreva livremente; corrija depois.

GRAMÁTICA NÃO PODE SER OBSTÁCULO

As dúvidas gramaticais não devem ser um obstáculo para quem quer escrever. Se você se fa muitas perguntas, como se a palavra tem ou não acento, se a crase se aplica a determinada situação ou se a concordância verbal é essa mesmo, relaxe com urgência. Não se cobre tanto. Escreva livremente primeiro, depois você corrige. Lembre-se de que gramática não é fim; gramática é meio.

▲ **CARTÃO MANCHADO**
Você confiaria nos serviços deste profissional, que acrescenta um "e" na palavra "advogado"? Este é um exemplo de como um erro gramatical pode prejudicar a imagem de um profissional.

MAS GRAMÁTICA É IMAGEM

O erro gramatical pode comprometer não apenas a qualidade da informação a ser prestada, como também a imagem do profissional que redig o texto. Erros na grafia são sinal de desleixo, desinformação e falta de competência. Você confiaria nos serviços profissionais de quem escreve "paralizar" ou "excessão"? (O correto é "paralisar" e "exceção".) Na dúvida, recorra ao dicionário, po é sua imagem que está em jogo.

SCREVA PRIMEIRO, EVISE DEPOIS

o dia a dia de uma empresa, veem-se muitos ofissionais com bom domínio gramatical e frível performance comunicativa. São incapazes sair do primeiro parágrafo pelo temor de terem us textos lidos pelos colegas, subordinados ou periores. Não seja tão rigoroso consigo mesmo. creva primeiro e faça os reparos gramaticais cessários depois, com a ajuda do dicionário. ocê experimentará grande sensação de liberdade.

> **42** Conhecer as regras gramaticais não é receber um cheque em branco.

> **43** A performance comunicativa vai muito além do domínio gramatical.

ICIONÁRIO É PARA USAR

Quando não sei fazer um cheque de dezesseis, ço dois de oito." "Morro de vergonha de recorrer 'pai dos burros'." Você já deve ter ouvido frases mo essas. Nada mais errado. Em primeiro lugar, em escreve não deve ter medo de se expor e, em gundo, dicionário não é "pai dos burros" –é uma portantíssima ferramenta de trabalho. Além sso, quem faz dois cheques de oito vai ficar eternmente sem saber como se escreve "dezesseis".

> **44** O dicionário é o reino das palavras; lá fica a matéria-prima a explorar.

DICIONÁRIOS RECOMENDADOS

Todo redator deve ter à mão pelo menos um dos seguintes dicionários:

- *Dicionário Aurélio da Língua Portuguesa*, Editora Positivo (versões impressa e on-line)
- *Dicionário Houaiss da Língua Portuguesa*, Editora Objetiva (versões impressa e on-line)
- *Vocabulário Ortográfico da Língua Portuguesa (VOLP)*, Academia Brasileira de Letras (versão impressa, 5ª edição, 2009)

CUIDADO COM ESTRANGEIRISMOS

As correspondências empresariais estão muitas vezes substituindo o português pelo inglês. Nelas, o mau comunicador acaba repetindo expressões importadas, sem se dar conta de seu significado. Não faz sentido ficar inventando tradução para palavras do inglês quando a língua portuguesa dispõe de palavras perfeitamente adequadas e acomodadas ao contexto. Não se trata de xenofobia. É natural, em qualquer idioma, a incorporação de termos importados, sobretudo quando o país "exportador" é mais avançado na área tecnológica. O que se deve combater é o exagero de citações em inglês, inseridas nos textos apenas para compor um "jogo de aparências".

45 Alguns estrangeirismos soam pedantes e antinaturais.

46 Se a palavra estrangeira é termo técnico consagrado, utilize, sem abusar.

QUANDO E COMO USAR ESTRANGEIRISMOS

SITUAÇÃO	SOLUÇÃO
A palavra é usual em determinadas áreas profissionais, mas ainda não está dicionarizada. Exemplos: *mix, target, business, job, play-off.*	Utilize-a com cautela e faça uso do itálico.
A palavra soa pedante e pode perfeitamente ser substituída por uma correlata em língua portuguesa. Exemplos: *beach-soccer, paper, dinner.*	Não use. Prefira o termo em português.
O significado da palavra já é de domínio público. Exemplos: show, punk, software, know-how, layout.	Use-a normalmente, sem nenhum destaque.
A palavra é conhecida por especialistas e não existe na língua portuguesa nada comparável à excelência do termo. Exemplo: brainstorming, by pass, default.	Use esses termos, mas sem abusos. Se o leitor é leigo, explique a ele o significado dos termos.

Dicas Gramaticais

Erros mais Comuns	Exemplos
Usar gerúndio para esticar a frase. O gerúndio designa ações realizadas concomitantemente.	O funcionário deve submeter-se a exame médico, **solicitando** o fornecimento de atestado.
Distanciar excessivamente o sujeito do verbo. Perda da "memória" da ideia núcleo gera erros de concordância.	A **produção** de componentes eletrônicos, considerados de terceira geração, **atingiram** metas inimagináveis.
Usar a expressão **sendo que** no lugar da conjunção "e".	A revolução começou em 1964, **sendo que** só terminou em 1984.
Concentrar abusivamente informações em períodos muito extensos. O leitor não consegue absorver a mensagem.	Lembramos que o valor das tarifas passíveis de cobrança, relacionadas em quadro específico afixado em local de acesso público dentro da agência, é estabelecido pelos próprios agentes não cabendo interferência deste Procon.
Separar, por vírgula, o sujeito do verbo.	Indefinição das regras da política monetária e cambial**,** derruba as Bolsas e a esperança de recuperação no preço das ações.
Separar, por vírgula, o verbo do complemento.	Informamos a V. S.ª**,** que não será possível atender a seu pedido.
Utilizar o pronome **onde** para esticar a frase.	O Governo tem intensificado o combate à inflação, **onde** a alta internacional dos preços do petróleo preocupa as autoridades.
Flexionar os auxiliares de locuções em que o verbo principal é haver.	**Devem** ter havido erros em nossa avaliação. **Podem** ter havido dúvidas entre os candidatos.
Usar verbo no singular em construções de sujeito posposto.	**Segue** abaixo as condições financeiras da proposta.

COMO USAR OS RECURSOS VISUAIS

O que é produzido sem esforço geralmente é lido sem prazer. Não basta escrever bons textos. Conhecer um pouco sobre layout, fontes, cores pode ajudá-lo bastante a produzir peças mais interessantes e atraentes para seu público.

47 Trabalhe com fontes alternadas e dê espaço entre os parágrafos.

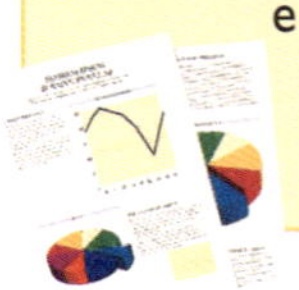

DIFERENCIE-SE PELAS FONTES

AS MELHORES FONTES	EXEMPLOS
FONTES COM SERIFA As serifas são pequenos traços de acabamento em uma letra. Essas fontes são usadas normalmente para corpo de texto.	Este é um dos livros da série Sucesso Profissional.
FONTES SEM SERIFA São versáteis. Em caixa alta e negrito, criam títulos de impacto. Por isso, são muito utilizadas em faixas, outdoors e cartazes.	**COMO ESCREVER MELHOR**
INTERTÍTULOS E SUBTÍTULOS SEM SERIFA Subtítulos sem serifa e textos com serifa criam um contraste agradável.	**Relatório técnico-científico** Documento que relata formalmente os resultados ou progressos obtidos em investigação de pesquisa e desenvolvimento ou que descreve a situação de uma questão técnica ou científica.

Escolhendo as Fontes Certas

ocê quer fazer um texto que chame a atenção o leitor ou que seja elegante e sóbrio? Tais re- ultados podem ser obtidos com a escolha certa as letras –as fontes, no jargão gráfico. Todos os rogramas de edição de texto estão equipados ara que você possa produzir textos visualmente traentes, colocando a sua disposição uma boa ariedade de fontes. Mas lembre-se: seja simples. m geral, a ideia genial é aquela que, de tão mples, provoca no leitor uma ponta de inveja evitável: "Mas como é que eu não pensei isso antes?".

48 Escreva primeiro o texto; depois se preocupe com a formatação.

As Melhores Fontes	Exemplos
Fontes script Imitam letras escritas à mão. Ideais para textos personalizados, como cartões de visita e cartas pessoais. Na carta que abre propostas comerciais, essas fontes dão um tom de elegância ao texto.	*Ideais para textos personalizados, como cartões de visita, cartas pessoais etc. Fontes script imitam letras escritas à mão. Na carta que abre propostas comerciais, essas fontes dão um tom de elegância ao texto.*
Fontes incomuns Pode-se variar a aparência do texto com fontes incomuns, despertando a atenção do leitor. Mas cuidado: o abuso desse recurso pode dar ideia de pouca seriedade. Nos fax, evite fontes elaboradas e fundo colorido.	PERSPECTIVAS PARA ENTENDER AS ORGANIZAÇÕES
Observe o tamanho das fontes Dez a doze pontos é a norma, o que obviamente não vale para faixas, cartazes e outdoors.	10 pontos 12 pontos

49 Cores devem adaptar-se ao conteúdo do texto e ao público.

50 Procure usar cores sem transformar seu texto em uma árvore de Natal.

COMO USAR IMAGENS

O uso de fotos, desenhos e figuras areja o texto e facilita significativamente sua compreensão. Utilizá-los em demasia, entretanto, provoca efeito contrário: desarticula e desorienta o leitor. Portanto, explore as cores de forma consistente. E mais: usar cores diferentes para títulos de um mesmo trabalho só é boa estratégia em textos destinados ao público infantil.

ERRADO | CERTO

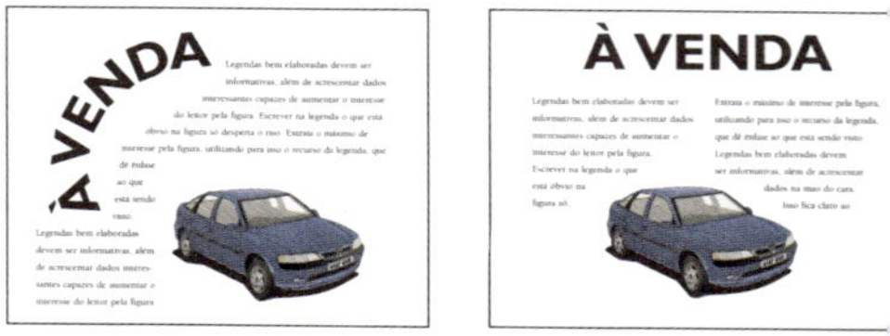

NÃO INVENTE ▶
Reproduza título e figura da forma mais simples possível. Incliná-los, desfocá-los ou massacrá-los com muito texto à volta simplesmente "mata" a figura. Certifique-se de que o tema da figura atraia o olhar do leitor para a página, não para fora dela.

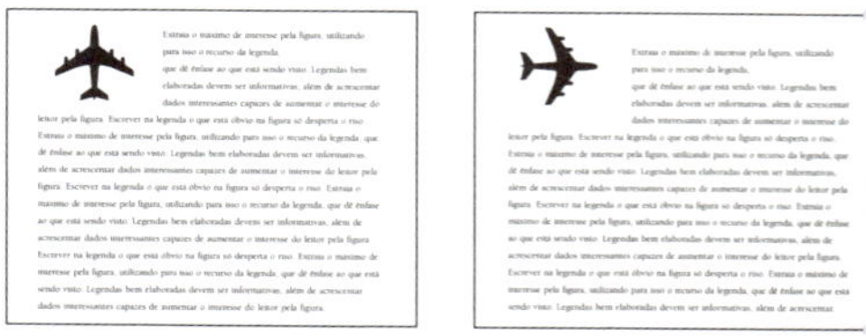

ESPAÇAMENTO E ALINHAMENTO

Em textos de anúncio muito extensos, dê mais espaçamento entre as letras. Caso seja necessário quebrar um título, tente equilibrar normalmente as linhas. Se isso não for possível, linhas pares devem ser maiores do que as ímpares. Esses recursos vão tornar a leitura mais leve.

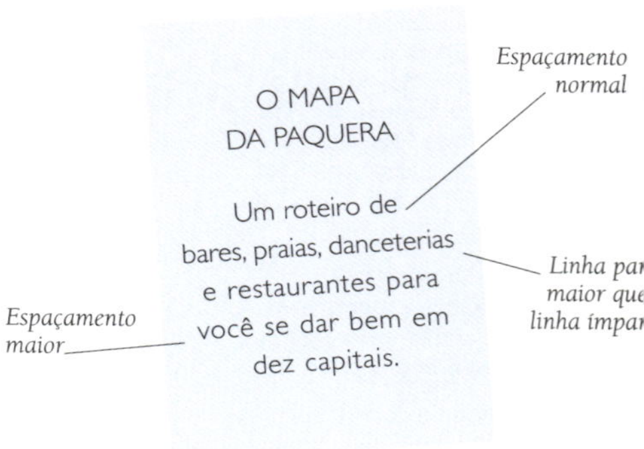

51 Recursos visuais despertam a atenção do leitor.

CRIE GRÁFICOS E TABELAS

Gráficos e tabelas são fundamentais para explicar determinados conceitos ou demonstrar fatos. Muitas vezes, texto corrido –ou apenas ele– não funciona, pois o leitor se confunde diante da massa de informação. Tal como num relógio analógico, gráficos e tabelas permitem que o leitor tenha instantaneamente a visão do todo, essencial para a melhor compreensão e retenção da mensagem. Além disso, lembre-se de que os números reforçam a credibilidade da informação.

VÁRIOS TIPOS
xiste uma grande variedade de gráficos, iclusive pré-prontos em programas de omputador. Os mais comuns são o do po torta e o de colunas.

ada "fatia" representa na porcentagem

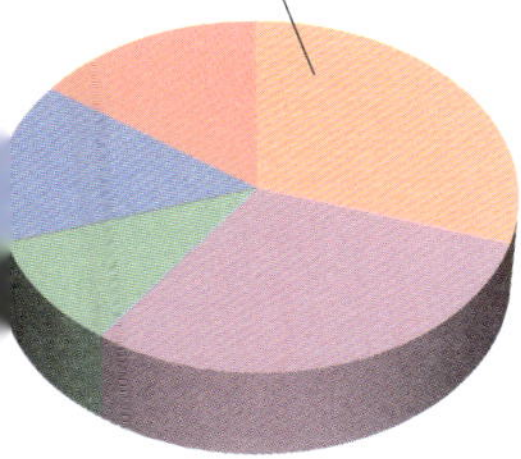

GRÁFICO DO TIPO TORTA

Colunas mostram o percentual das respostas

GRÁFICO EM COLUNAS

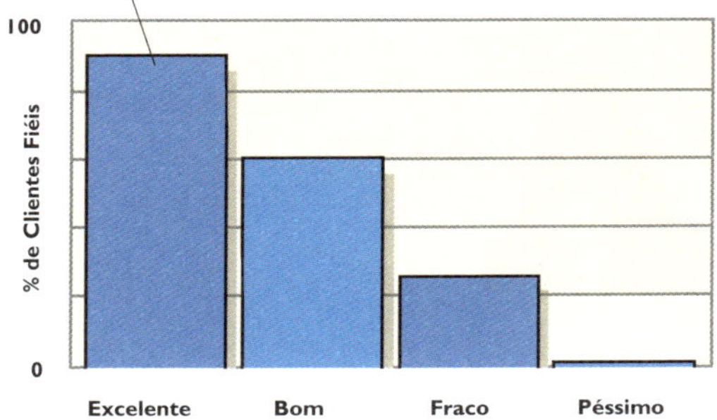

TIRE MAIS PROVEITO DAS LEGENDAS

Extraia o máximo de interesse pela figura, tilizando para isso o recurso da legenda, ue deve dar ênfase ao que está sendo visto.

Legendas bem elaboradas têm de ser informavas, além de acrescentar dados interessantes apazes de aumentar o interesse do leitor pela gura. Escrever na legenda o que está óbvio na nagem só desperta o riso.

Como Preservar a Face Positiva do Texto

Um texto que valoriza o aspecto positivo da informação é capaz de gerar efeitos extremamente benéficos na área profissional: pode funcionar como elemento de motivação para os funcionários e ser atraente para clientes e fornecedores.

52 Quem escreve bem preserva a face positiva da linguagem.

53 Um bom pedido de desculpas pode abrir várias portas.

Cuidado com o Não

Prefira declarações positivas a negativas. Em vez de "Não esqueça" diga "Lembre-se". Em vez de "o contêiner não deve ser embarcado com o aparelho de resfriamento", diga "deve ser embarcado sem o aparelho de resfriamento".

Além de negativo, o texto confunde o leitor

Brasília, 18 de dezembro de 1999.

De: CETED/PG
Para: Nádia Albuquerque

Assunto: Seu pedido de concessão de bolsa de estudo no exterior

Lamentamos informar que, cumprindo determinação da Direção desta Fundação, todos os pedidos de concessão de bolsas de estudo no exterior, que seriam liberados em 15 de dezembro, foram indeferidos.

Essa decisão objetiva acatar as mais recentes deliberações do Governo Federal no que diz respeito à contenção de gastos em nossa Instituição.

No entanto, como a dotação orçamentária para o próximo ano já foi liberada, seu pedido será atendido em 25 de março de 2000.

Contamos com a sua compreensão.

Laracy A. D. Costa
Coordenadora do CETED

A NOTÍCIA É BOA OU MÁ?
Ao privilegiar a face negativa, o redator representa mal os interesses de sua organização. Ele privilegiou a face negativa para só no terceiro parágrafo dar a infomação que efetivamente interessa. Se o texto começasse com algo do tipo "Parabéns! Seu pedido de bolsa foi liberado", o resultado seria mais proveitoso.

Evite a Discriminação

A linguagem se torna discriminatória quando:

1. torna as pessoas invisíveis,
2. põe em foco limitações físicas ou intelectuais, em detrimento de outras características pessoais positivas,
3. faz descrições estereotipadas de pessoas,
4. dá tratamento assimétrico à linguagem,
5. emprega termos com carga semântica negativa.

Certo e Errado

Escreva:	Evite:
✔ Casamento, união, enlace	✗ Casório
✔ Menor infrator	✗ Pivete
✔ Comunidade de baixa renda	✗ Favela
✔ Crianças especiais	✗ Retardadas
✔ Hansenianos	✗ Leprosos
✔ Deficientes auditivos	✗ Surdos

Caminhos errados

Estes exemplos mostram os cinco principais tipos de linguagem discriminatória.

1

De: Diretor de Patrimônio
Para: Colaboradores da Empresa
Assunto: Apropriação indevida

Fomos informados de que dois colaboradores estão se apropriando indevidamente de material de escritório da Empresa.

2

Nossa campeã é Marli Nogueira, que, mesmo confinada em uma cadeira de rodas, conseguiu superar o recorde de vendas de agosto.

Parabéns, Marli!

3

Nossas homenagens ao professor José Porto, que, embora não tenha feito mestrado, obteve melhor avaliação dos alunos da Faculdade.

4

A simpática esposa do engenheiro Alexandre e coordenadora do SAC, Marli Ferreira, pediu a palavra.

5

Cinco pessoas, uma delas de cor, foram recrutadas para o serviço.

Legendas

1 *A não designação dos colaboradores envolvidos no delito implica a discriminação da grande maioria, que não tem nada a ver com o caso e que, portanto, não deveria estar recebendo esse comunicado.*

2 *Está implícita a ideia de que todo deficiente físico deveria sentir-se um derrotado. O subtexto também é maldoso: "Vocês são uns incompetentes! Um paraplégico faria melhor do que vocês".*

3 *Discriminação explícita. Só os que cursaram mestrado é que têm condições de ser bem avaliados? A menção é maldosa, pois busca diminuir José Porto perante seus pares.*

4 *O que importa no caso é a qualificação profissional de Marli e não a relação marital com o engenheiro Alexandre. Fica implícita a ideia de que ela só é coordenadora por ser esposa do engenheiro Alexandre.*

5 *Alguém escreveria "Cinco pessoas, quatro delas brancas, foram recrutadas para o serviço"?*

COMO CULTIVAR BOAS RELAÇÕES COM O LEITOR

Se você tem um prazo apertado, a tentação é escrever apressadamente, com pouca atenção à maneira como expressa seus pensamentos. O resultado pode ser desastroso. Tempo para escrever é importante para quem quer cultivar uma boa relação com o leitor.

54 **As relações com o leitor não devem ser passionais.**

55 **Leia várias vezes o que escreveu; você evitará surpresas desagradáveis.**

DENTRO E FORA DA EMPRESA

Para que uma organização tenha um bom ambiente de trabalho, a cortesia deve permear tanto as relações entre as pessoas como os textos que elas produzem. Em situações tensas, cortesia também serve para manter os canais de comunicação abertos, permitindo que se encontrem soluções satisfatórias para impasses. O princípio é o mesmo com clientes e fornecedores.

ESTUDO DE CASO

Rita Guedes, aniversariante do dia, recebeu lindas flores de seu chefe. No dia seguinte, redigiu para ele um cartão de agradecimento com os seguintes dizeres:
"Caro Barbosa,
Muito obrigada por suas congratulações. Sinceramente, fiquei surpresa com a sua gentileza e ao mesmo tempo muito feliz.
Rita Guedes."

Ela foi uma típica redatora-leitora apressada, que não relê o que escreve. O texto deixa implícita a ideia de que Barbosa é normalmente uma pessoa grosseira e rude; daí a surpresa. Rita não esperava que algo gentil pudesse vir de quem veio. Se ela tivesse optado por palavras como "fiquei comovida" ou "fiquei emocionada", certamente estaria preservando a cortesia que deve nortear o dia a dia das organizações.

◀ **O BILHETE PODERIA SER DIFERENTE**
No exemplo ao lado, Rita não tomou o devid cuidado com o que escreveu para seu chefe. Isso fez com que fosse descortês com outro profissional de sua empresa. Uma releitura atenta, com foco na cordialidade das relaçõe teria ajudado a resolver melhor a situação.

REGRAS DE CORTESIA

Na linguagem oral, o que é dito pode ser suavizado ou modificado. Você pode dizer que foi mal interpretado, que não disse bem aquilo ou que a pessoa ouviu mal. Mas o que está escrito fica registrado. Por isso, observe algumas regras simples:

- Evite ser lacônico e exageradamente impessoal. Isso pode significar desrespeito e desconsideração para com o leitor.
- Dê um tom positivo para as más notícias. Há sempre uma maneira melhor de dizer as coisas.
- Deixe de se julgar infalível. Pedir desculpas pode ser boa estratégia para os negócios.

INDIFERENÇA AO LEITOR

Caro Senhor,

HVZ não é um provedor de São Paulo, nós somos um provedor do Brasil.
Damos, sim, o mesmo valor a outras localidades, pois todos são clientes pagantes como os de SP.
Caso o senhor esteja passando por alguma dificuldade, volte a nos contatar e iremos ajudá-lo.

PREOCUPAÇÃO COM O LEITOR

Victor,

Antes de mais nada queremos desculpar-nos pelos transtornos. Nosso interesse é prestar o melhor atendimento e, por isso, já encaminhamos sua solicitação à área técnica, para as verificações necessárias. Em cinco dias úteis, estaremos enviando novo e-mail dando conta das providências tomadas.
Obrigado pelo alerta.

Cordialmente

José Paulo Oliveira

▲ A RECLAMAÇÃO DO CLIENTE

Um cliente da HVZ enviou a seguinte reclamação: "Uma pergunta a vcs. Por que o pessoal de Minas reclama tanto de vcs? Tá certo que o provedor é de São Paulo. O que eu, sendo de Minas, peço é que vcs deem mais atenção ao pessoal que não mora aí. Meus amigos de Sampa acessam o HVZ bem mais rápido que a gente. Um abração e espero a compreensão de vcs. Victor Motta"

▶ TOM POSITIVO

A negativa ao pedido de empréstimo poderia ser uma péssima notícia para o solicitante. Mas, neste texto, o gerente de banco a tratou com delicadeza, mantendo boas relações com seu leitor e cliente.

✻AA Bank

São Paulo, 5 de abril de 2000.
CI-29/00

Senhor Armando,

Temos a satisfação de informar a V.S.ª que, no próximo mês, estarão reabertas as operações de crédito. No momento, não será possível atender sua solicitação de empréstimo, mas, assim que for efetivada a reabertura, o senhor será prontamente atendido. Agradecemos por sua cooperação e colocamo-nos à sua inteira disposição para qualquer outro esclarecimento que se fizer necessário.

Cordialmente

João da Silva

NA HORA DE ESCREVER

Agora que você conhece as técnicas para aumentar a legibilidade de seu texto e gerar comprometimento do leitor, é preciso encontrar um método de trabalho e o formato certo para cada situação.

DESENVOLVA SEU MÉTODO

Não existe um método de escrever único; cada pessoa precisa criar o seu. Mas há algumas etapas que devem integrar qualquer processo de redação, como a reflexão sobre a organização do texto, a pesquisa, o esboço e a releitura, entre outras.

56 Quem escreve bem organiza o pensamento.

57 Termo de origem latina, "escrever" é representar ideias por meio de sinais.

58 "Redigir" significa escrever com ordem e método.

UMA REFLEXÃO SOBRE A UNIDADE

A principal virtude de um texto é sua unidade. Por essa razão, antes de sentar-se para escrever, você deve definir bem o assunto e saber como trabalhá-lo de maneira coerente. Você tratará dele do princípio ao fim do texto. As partes se juntarão para formar o todo –o segundo parágrafo será o desdobramento do primeiro e o prenúncio do terceiro. Da mesma forma que se percebe a falta de peças em um quebra-cabeça, o leitor sabe quando está faltando algo no texto. É fundamental que a "história" tenha começo, meio e fim.

59 O texto tem coerência quando suas partes estão bem articuladas.

A ORGANIZAÇÃO DO TEXTO

Para que o texto tenha unidade, deve incluir:

- Introdução. Apresenta o assunto, recupera o conhecimento partilhado e esclarece o objetivo.
- Desenvolvimento. Expõe as novas informações, discute, comprova, compara, contradiz ou justifica a procedência do que está ali. A extensão dessa parte é determinada pela quantidade de informações necessárias para atingir o leitor.
- Conclusão. Sintetiza os pontos relevantes, reafirma as novas informações e externa o juízo de valor do autor sobre aquilo que foi dito.

SAIBA COMO PESQUISAR

Dominar o assunto sobre o qual se vai escrever é
undamental. Portanto, é valioso ter à mão infor-
nações pertinentes. Para isso, você deve coletar e
rganizar dados. Essa tarefa foi facilitada pela
nternet, que abriu infinitas possibilidades de
cesso ao conhecimento. Feita a pesquisa, or-
anize as informações em
astas, no computador
u num fichário
sico.

Um sistema de arquivo agiliza a consulta para posterior desenvolvimento do texto

▼ ARMAZENAMENTO

Elabore um sistema de arquivo adequado a suas necessidades e certifique-se de que ele é eficiente. O teste definitivo é encontrar o que quer sempre que precisar.

Registre a origem das informações

Guarde tudo em pastas e subpastas

Crie arquivos no computador e faça back-ups do mais importante

FAÇA UM ESBOÇO

No momento do esboço, o primeiro passo é listar todas as ideias e informações que você julgar pertinentes para a execução do trabalho. Não se preocupe com a ordem. Escreva livremente tudo que lhe vier à cabeça. Em seguida, faça uma leitura crítica e comece a eliminar ideias irrelevantes, detalhes dispensáveis e questões que poderão ser eventualmente levantadas em novos textos, desdobramentos do que você pretende dizer agora.

Dessa maneira, jogue fora o que é inútil. Por último, você deve reunir as ideias e informações que ficaram, dispondo-as segundo uma gradação de importância. Antes de mais nada, o que é fundamental, seguido do que é importante e complementado pelo que é acessório.

60 Com um bom esboço, você não perde o rumo.

61 Separe o que o leitor precisa saber do que seria apenas interessante que ele soubesse.

62 Toda informação nova deve ser justificada.

PERGUNTE-SE

- **P** Tenho pleno conhecimento do assunto a ser desenvolvido?
- **P** Armazenei todas as informações pertinentes?
- **P** Preocupei-me em registrar a origem das informações armazenadas?
- **P** Pensei na organização do texto?
- **P** Escolhi a estrutura mais eficiente para a veiculação de minha mensagem?

E MÃOS À OBRA

A partir do esboço, escreva livremente. Não se critique! Você não precisa necessariamente começar pelo começo. Desenvolva de início a ideia que você considera mais fácil. O risco de se perder é muito pequeno, pois agora você dispõe de um esboço, onde estão listadas todas as ideias que deverão aparecer no texto a ser produzido. Você vai perder um pouco de tempo na hora de montar os parágrafos. Mas não desanime. Ao final, vai verificar que todo o esforço valeu a pena. Montados os parágrafos, procure encadeá-los em sequência lógica, de acordo com a estrutura escolhida e de maneira a não prejudicar a unidade do texto. Depois, não pense em ler e reescrever o texto imediatamente. Deixe-o amadurecer por algum tempo. Somente assim você terá o distanciamento crítico necessário a uma boa revisão do que produziu.

A REVISÃO PASSO A PASSO

- **Leia o texto em voz alta**
- **Faça as primeiras correções**
- **Peça a alguém que leia seu texto**
- **Faça as alterações que julgar pertinentes**
- **Deixe o texto "descansar"**
- **Faça uma última leitura**

REVISE E REESCREVA

Após uma leitura atenta –de preferência em voz alta–, reescreva seu texto. Observe se as informações estão organizadas da maneira mais clara possível e também se as palavras escolhidas são as mais adequadas ao contexto. Posteriormente, faça as devidas correções, consultando dicionários e, se for necessário, também gramáticas. Cuide da apresentação gráfica do material que está produzindo, inclusive das ilustrações, caso elas estejam previstas. Mais uma vez, corte tudo aquilo que for inútil, pois ter a coragem de escrever um texto não é tudo; deve-se ter a coragem de "cancelar". Por fim, antes de fazer uma última leitura, peça a opinião de colegas e deixe o texto "descansar" por algum tempo.

EÇA OPINIÃO

)uvir opiniões sobre seus textos ertamente vai ajudá-lo a detecr "furos" de raciocínio. Muitas ezes, o que está aparentemente aro soa confuso para o leitor, ue não tem a capacidade de ler ua mente. Por isso, para ele, ideias podem parecer soltas, parágrafos desconexos, e o xto não fazer o menor sentido. ozinho fica difícil você perceber sse tipo de problema.

▼ MOSTRANDO SEU TEXTO A UM COLEGA

Aceitar sugestões de mudanças vindas de colegas de trabalho e amigos é meio caminho andado para conseguir um bom resultado. Nesse momento, é fundamental não ser emotivo e estar aberto a novas ideias.

O colega pode apontar na tela mesmo os problemas que identifica

COMO USAR A ESTRUTURA DA PIRÂMIDE INVERTIDA

O formato da pirâmide invertida é uma estratégia de produção de textos segundo a qual as ideias são ordenadas por um critério hierárquico, das informações mais importantes para as menos importantes. Esse é o formato mais utilizado.

63 O formato da pirâmide invertida é ideal para elaborar resumos executivos.

QUANDO APLICAR

O formato da pirâmide é o mais eficiente nas reclamações por serviços mal executados, nos comunicados e anúncios em geral –felicitações, resultados de negociações, convites para participação de eventos, anúncios de emprego etc.– ou ainda na elaboração dos resumos executivos, documentos que apresentam versão condensada de um relatório, projeto ou parecer *(pág. 62)*. O texto jornalístico também segue este formato.

64 O essencial em primeiro, dados de apoio depois e o acessório no fim.

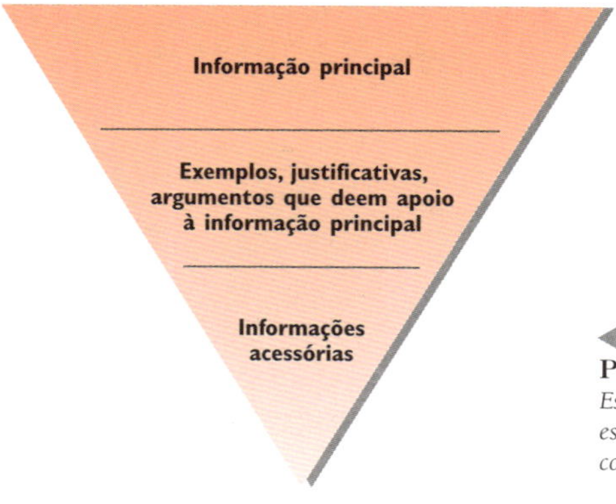

65 Não canse o leitor com pormenores irrelevantes.

◄ A ESTRUTURA DA PIRÂMIDE INVERTIDA
Este diagrama mostra de forma esquemática as três partes que compõem esse formato de texto.

66 A informação deve ser passada com competência, profissionalismo e cortesia.

67 Anúncios de emprego podem ter formato de pirâmide invertida.

A Pirâmide na Prática

Essa estrutura é ideal para comunicados. No exemplo abaixo, Mário Carneiro recebeu do Departamento de Pessoal um briefing sobre a jornada de trabalho dos colaboradores da Infopower. Ele foi incumbido de condensar as informações em um único texto, mas, como não tem prática no assunto e é o tipo de redator apressado, que quer se livrar logo do problema, acabou produzindo um texto confuso. Com a pirâmide, o resultado seria bem melhor.

▼ UM COMUNICADO, DOIS FORMATOS

O texto da esquerda não funciona em virtude da má organização das informações: não gera nenhum tipo de impacto e é incapaz de gerar ação. O da direita, em pirâmide invertida, é ótimo.

DEPARTAMENTO DE ADMINISTRAÇÃO DE PESSOAL
COMUNICADO/ JORNADA DE TRABALHO

Conforme estabelece o Regulamento de Pessoal, a jornada de trabalho na InfoPower é de oito horas diárias para todos os seus colaboradores, exceto para os ocupantes de alguns cargos que o próprio regulamento especifica (operadores em serviço de telefonia, SAC e Back-Office) ou quando determinada por preceitos legais para categorias profissionais mais diferenciadas como: Médicos, Dentistas, Engenheiros e de Segurança do Trabalho, Ascensoristas, Enfermeiros, Jornalistas, Médicos, Operadores de Computador e Operadores de Transcrição de Dados. Dessa forma, alertamos as chefias imediatas quanto ao cumprimento do disposto no documento básico da Empresa, no que se refere à jornada de trabalho do colaborador, para que não se modifiquem as condições acordadas no contrato individual de trabalho.

Mau Exemplo

Informações de apoio

Informações essenciais

Vamos acertar os ponteiros?

O colaborador da Infopower deve trabalhar oito horas por dia. Nem mais, nem menos. É o que está escrito no contrato de trabalho.

Por isso, as chefias imediatas devem zelar pela obediência a essa Norma, que estabelece regras claras e precisas quanto ao cumprimento da jornada de trabalho.

Vale a pena lembrar que essa regra não se aplica a: operadores em serviços de telefonia, SAC e Back-Office; médicos, enfermeiros, dentistas, engenheiros, ascensoristas ou qualquer outra categoria profissional diferenciada, que tenha legislação própria quanto à jornada de trabalho.

Informações acessórias

Texto com a Estrutura de Pirâmide

COMO USAR A ESTRUTURA DO LOSANGO

Na estrutura do losango, o segredo é não entrar direto no assunto principal a ser abordado. Muitas vezes, sem um flash-back consistente, não há como fazer o leitor participar do texto e, consequentemente, entender a mensagem.

68 Se, por acaso, o leitor "pegou o bonde andando", contextualize-o.

QUANDO APLICAR

O formato do losango se revela o mais adequado quando você necessita pedir um favor ou quando tem de dizer não –a um cliente, por exemplo.

O texto começa com uma introdução, que serve para preparar o leitor antes de chegar ao ponto principal.

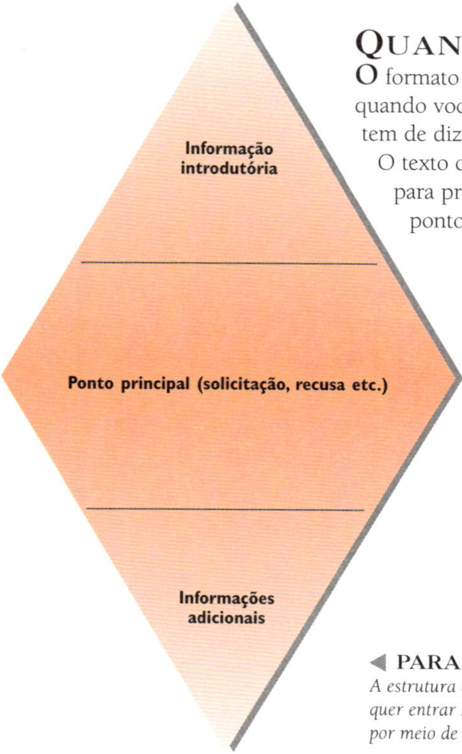

69 O leitor se mobiliza quando é motivado pelo texto.

70 Mostre ao leitor o "caminho das pedras".

◀ **PARA SITUAÇÕES DELICADAS**
A estrutura do losango é eficaz para quem quer entrar suavemente em um assunto difícil por meio de informações introdutórias.

qui o agente de iagens perceberá a ossibilidade de vender uatro pacotes

Em seguida, vem o assunto principal, ou seja, a solicitação dos dados de que o cliente precisa

Porto Alegre, 5 de junho de 2000.

À Turistur

Prezados Senhores,

Eu, minha esposa e meus dois filhos (com 11 e 15 anos) estamos planejando passar as férias de julho em Fortaleza, cidade que tem sido elogiada por amigos comuns que já utilizaram os serviços da Turistur.

Por gentileza, gostaria de receber toda a informação possível sobre passeios, programas opcionais e tarifas de hotéis para o período de 15 a 30 de julho.

Potencial de venda na alta temporada

Se possível, gostaria ainda de receber alguns folhetos ou qualquer outro material promocional sobre a região Nordeste.

Obrigado pela gentileza.

Atenciosamente

Victor Faria

formações adicionais aparecem no final do texto

Meus dados para correspondência:
VICTOR FARIA
Av. Amaralina, 374, apto. 505
Centro
Canoas — RS
22000-000

71 Texto coerente é o resultado do conhecimento partilhado entre quem escreve e quem lê.

▲ LOSANGO NA PRÁTICA

A solicitação de Victor tem grandes chances de ser prontamente atendida. Com base no parágrafo introdutório, o agente de viagens da Turistur deve fazer o seguinte raciocínio: esse cliente é preferencial, pois representa uma venda praticamente certa.

COMO USAR A ESTRUTURA DE PERGUNTA E RESPOSTA

Nesse formato, separa-se o texto em perguntas e dúvidas mais frequentes, cada qual seguida por uma resposta clara e completa. A estratégia tem como principal qualidade o fato de ser extremamente didática.

72 Cuidado para não levantar dúvidas que originalmente o leitor não tinha.

73 Para cada ideia, uma pergunta. Não faça duas perguntas ao mesmo tempo.

QUANDO APLICAR

A estrutura de pergunta e resposta é particularmente útil e eficaz quando se deseja passar instruções para um público heterogêneo ou quando há uma grande quantidade de informações a ser transmitida. Com frequência, você precisa explicar a seu leitor como utilizar determinado equipamento, como preencher formulários, como seguir determinadas instruções. Por meio desse formato, você se antecipa às possíveis dúvidas e dificuldades que as pessoas terão para executar as ações desejadas.

PASSO A PASSO

1. Faça um brainstorm e procure listar todas as possíveis dúvidas que o leitor possa ter.
2. Selecione apenas as dúvidas mais comuns. Colocar no papel todas as dúvidas pode criar problemas que a maioria dos leitores não tinha.
3. Redija as perguntas da forma o mais coloquial e natural possível. Isso dará ao texto um tom de "conversa".
4. Crie respostas capazes de satisfazer o leitor e esgotar definitivamente o assunto.

Pergunta e Resposta na Prática

É muito comum encontrar textos no formato pergunta e resposta em locais de visitação pública. O Centro de Visitantes de uma usina hidrelétrica recebe diariamente centenas de pessoas interessadas em conhecê-la. A quantidade de perguntas dos turistas –que querem saber mais e entender mais para tirar o máximo de proveito da visita– é grande. Dentre as várias perguntas formuladas, o Departamento de Comunicação da usina percebeu que algumas delas se repetiam com constância. O folheto do exemplo abaixo, além de otimizar o atendimento, resolveu eficientemente a questão.

74 Muita informação para o leitor? Use a estrutura de pergunta e resposta.

75 O leitor reconhece seus esforços para ser um bom comunicador.

ANTECIPE DÚVIDAS

Este modelo mostra como funciona na prática um folheto que utiliza a estrutura de pergunta e resposta. Observe que os textos são bastante objetivos.

ABCD

Tire as suas dúvidas sobre a visita à Usina ABCD

1. Como faço para visitar a Usina?
É fácil. Basta você chegar até o Centro de Recepção de Visitantes, na Av. Acdb, 1111.

2. Devo pagar alguma taxa?
Não. Você não paga nada. A visita é inteiramente gratuita.

3. Toda visita é igual?
Não. Na ABCD existem três tipos de visitas: Turística, Especial e Técnica.

• Visita Turística
É aberta a todos e não é necessário marcar horário. É uma visita à parte externa da Usina, com duas paradas: uma no mirante DBCA e outra no Mirante Central. A visita deve ser feita no ônibus de turismo que trouxe você até o Centro de Recepção de Visitantes. Se você não veio de excursão (você chegou até o Centro de Recepção de Visitantes de carro ou de ônibus circular, por exemplo), você deve utilizar os ônibus da ABCD. Você assistirá ainda a um documentário sobre a ABCD. A duração da visita turística e filme é de aproximadamente uma hora e meia.

• Visita Especial
Também é aberta a todos (no máximo 12 pessoas por grupo e todas maiores de 12 anos). Só que nesse caso você precisa marcá-la com antecedência. É uma visita às partes externa e interna da Usina, com três paradas: a primeira no mirante DBCA, a segunda no Mirante Central e a terceira no Edifício da Produção. Essa visita tem duração de aproximadamente duas horas.

• Visita Técnica
Esta não é aberta a todos, uma vez que é dirigida a profissionais da área (engenheiros, técnicos, estudantes de faculdades de engenharia civil, mecânica, elétrica, escolas técnicas) e autoridades especialmente convidadas. É uma visita às partes externa e interna da Usina, com no máximo 12 pessoas por grupo, onde o visitante terá a oportunidade de chegar até o eixo da turbina. Essa visita tem duração de aproximadamente duas horas e meia.

4. E os horários e os dias de visitas?
Visita turística: segunda a sábado, 8h, 9h, 10h, 14h, 15h e 16h.
Visita Especial: segunda a sexta, 9h e 15h.
Visita Técnica: segunda a sexta, 8h e 14h.

Esperamos que você aproveite a visita.
Volte sempre.

Usina ABCD
Centro de Recepção de Visitantes
Av. Acdb, 50 – Tel. (00) 111-1111

COMO USAR A ESTRUTURA PROBLEMA X SOLUÇÃO

Diante de um impasse, o texto do tipo problema x solução é estratégia de ação eficaz. Sem fechar os canais de comunicação com a outra parte, você consegue encontrar uma forma prática de resolver o problema.

76 O tom de cordialidade deve nortear todo o texto.

77 Mantenha uma postura racional. Não se deixe levar pelas emoções.

78 Seja firme, mas sem "gritar" com o leitor.

QUANDO APLICAR

A estrutura problema x solução é ideal para resolver questões que só fazem o leitor perder tempo e paciência. Nesse formato, o redator começa com a descrição sumária do problema e termina com a proposta de soluções a serem adotadas. Sem perder a "esportiva", você apenas muda de tática. Em vez de "gritar" com o leitor –o que não resulta em nada–, você marca, de maneira firme e categórica, sua posição sobre o problema e, além disso, deixa claro que não pode haver mais protelações.

79 Seu leitor não tem tempo a perder. Quanto mais enxuto for o texto, mais chances você terá de ser lido e entendido.

▼ **RESULTADOS**
O esquema abaixo mostra os três blocos da estrutura problema x solução. Ao utilizá-la, seja objetivo; não há como negar fatos.

Apresentação do problema → **Sugestão de possíveis soluções** → **Encerramento**

O Formato na Prática

É fácil verificar como essa estrutura ajuda a resolver impasses. No exemplo abaixo, Miguel comprou um computador de última geração para sua microempresa, com todos os periféricos necessários. Pagou à vista e recebeu pontualmente a encomenda. Os problemas começaram após a instalação. Passados dois meses, ele não conseguia:

- usar adequadamente o computador sem desligar o scanner;
- conectar-se à Internet;
- trabalhar mais de quatro horas consecutivas sem que o sistema operacional travasse.

Com uma carta no formato problema x solução, Miguel encaminhou a pendência, que foi finalmente resolvida.

80 Clareza, coerência e objetividade é o mínimo que se pode dar ao leitor.

81 As soluções devem ser apresentadas com eficiência e cortesia.

São Paulo, 15 de junho de 2000.

Prezados Senhores,

O equipamento comprado da InfoPower, no dia 15 de abril, até hoje – exatos dois meses depois – apresenta vários problemas que estão impedindo definitivamente o pleno exercício de minhas atividades profissionais.

Como as providências tomadas pela InfoPower têm-se revelado ineficazes, sugiro que, até o dia 30 deste mês (prazo limite), seja adotada uma das três providências, a seguir especificadas:

- cancelamento da compra, com ressarcimento integral dos valores pagos à vista;
- substituição do equipamento por outro de mesma configuração, em perfeitas condições de pronto funcionamento;
- envio de Profissional realmente especializado, capaz de reinstalar o equipamento, de forma a não mais apresentar nenhum tipo de problema.

Na certeza de que os senhores irão compreender que não é mais possível contemporizar, aguardo o recebimento, até 22 de junho, de correspondência formal da InfoPower indicando qual das três soluções será adotada.

Atenciosamente

Miguel Ângelo Vieira

Apresentação do problema e recuperação do conhecimento partilhado

Apresentação objetiva de sugestões de soluções

Preservação do tom cortês ao longo do texto

PROPONDO SAÍDAS

Na carta que enviou à InfoPower, Miguel Ângelo deixou claro quais os problemas enfrentados e propôs soluções concretas. Diante desses fatos, a única opção do fornecedor era aceitar uma das sugestões do cliente.

MODELOS PARA O DIA A DIA

No cotidiano de uma empresa, é natural que a maioria dos profissionais tenha de escrever cartas, e-mails, malas diretas e relatórios. Por isso, é sempre útil ter à mão alguns modelos.

COMO ESCREVER UMA CARTA

Comunicação destinada ao leitor "externo", a carta é uma das mais importantes vitrines das empresas, que, por meio dela, projetam sua imagem a clientes, fornecedores, instituições públicas e privadas e ao público em geral.

82 Uma boa carta pode ser o começo de um excelente negócio.

83 Ao escrever uma carta, tenha em mente a necessidade do leitor.

O ABC DA CORRESPONDÊNCIA

Uma carta bem apresentada, com todas as informações dispostas de maneira clara e objetiva –e sem erros gramaticais– é o mínimo que você deve oferecer a seu leitor. Para isso, tenha em mente quais são as necessidades desse leitor e que tipo de linguagem é adequada para ele. E atenção: o erro gramatical pode comprometer a qualidade da informação a ser prestada. Erros gramaticais projetam uma imagem de desleixo, desinformação e falta de competência.

A ESTRUTURA DE UMA CARTA

Sigla do órgão expedidor e número do documento

↓

Data de expedição

↓

Endereçamento do destinatário

↓

Assunto ou referência

↓

Vocativo (a quem você se dirige)

↓

Corpo do texto

↓

Fecho

↓

Assinatura

O QUE USAR – 1

Seguir algumas regras básicas pode ser valioso, evitando erros e poupando tempo. Da mesma forma, algumas ferramentas disponíveis ajudam na produção e apresentação de uma carta. Observe:

- Siglas devem ser grafadas em letras maiúsculas. Se uma sigla é pouco conhecida, explique ao leitor o significado.
- Os vocativos devem conter Senhor ou Senhora, seguido da função ou do nome (por exemplo: Senhor Gerente, Senhor Armando Costa).
- A impressão de etiquetas deve ser feita com ferramentas de programas de edição de texto.

O mês deve ser grafado com inicial minúscula e por extenso. Lembre-se de pôr ponto no fim da data

Em letras maiúsculas e negrito

Primeiro, o nome da empresa; segundo, o do destinatário; e, terceiro, o cargo ocupado por este

O vocativo deve vir isolado por vírgula do corpo do texto e em outra linha

O nome de quem assina, em maiúsculas, e o cargo, apenas com as iniciais em maiúscula

Não use linha sobre o nome

CARTA GEAPI 52/00

Rio de Janeiro, 5 de julho de 2000.

Ao Britanic Bank
a/c: Sr. Carlos Alberto Motta
Gerente de Recursos Humanos

Assunto: Instalação de Stand de Vendas da Big Cross

Senhor Gerente,
Atendendo pedido de V.S.as, solicitamos à Superintendência de Marketing – SEMAK as providências necessárias para instalação de Stand de Vendas da Big Cross na mostra Filatélica, a ser realizada nos dias 23 e 24 de agosto, no Centro Cultural do Britanic Bank.
Nos próximos dias, o senhor Roberto Costa, Gerente da SEMAK, vai manter contato com o Britanic Bank para acertar os detalhes relativos ao evento.

Atenciosamente

DAGOBERTO DOS SANTOS
Atendimento ao Cliente

DO JEITO CERTO ▲
A carta bem apresentada transmite a mensagem com eficácia.

O QUE USAR – 2

Veja algumas regras para o "fecho" da carta:

- Atenciosamente. Para cartas do dia a dia. Não caracteriza relações hierárquicas nem demarca posições formais.
- Cordialmente. Marca relação de hierarquia –do menor para o maior–, ainda que circunstancial. (Ex.: proposta do fornecedor: cordialmente; resposta do cliente: atenciosamente.)
- Respeitosamente. Para cartas dirigidas a autoridades que recebam o tratamento Vossa Excelência.

84 Em uma carta, seja específico na redação do assunto.

CERTO E ERRADO

Escreva:	Evite:
✔ Rio de Janeiro, 3 de abril de 2000.	✗ Rio de Janeiro, 03 de abril de 2.000.
✔ Página 9	✗ Página 09
✔ 8h	✗ 08:00 ou 8 hs
✔ 20031-000	✗ CEP 20.031-000

85 Evite fechos desgastados do tipo "Sem outro particular".

ASSUNTO OU REFERÊNCIA?

Existe diferença entre assunto e referência. O primeiro se relaciona com o tema e a segunda diz respeito ao número do documento que está sendo respondido. Veja os exemplos:

Assunto: Transferência de Aplicações Financeiras. Editora ABCD, 1998.

Referência: Ofício 19/MF, de 19/5/2000.

A tendência moderna é de se juntarem as duas informações –assunto e referência– em um mesmo lugar, sob "referência".

O QUE NÃO USAR

Veja agora o que se deve evitar nas cartas:

- Pontos intermediários em siglas. Escreva FGTS e não F.G.T.S., BNDES e não B.N.D.E.S., BACEN e não B.A.C.E.N. A exceção é a sigla de Sociedade Anônima: S.A.
- Pontos separando os números do CEP. Está errado escrever 20.001; o certo é 20001.
- Iniciar o texto na mesma linha do vocativo. Não escreva "Senhor Gerente, Confirmando nosso contato telefônico".
- Inícios redundantes do tipo "Sirvo-me da presente para...", "Tem esta a finalidade de...", "Vimos por meio desta...".
- Fechos desgastados do tipo "Sem outro particular...", "Sendo o que se nos apresenta para o momento...", "Sem mais para o momento...".

Os Segredos do Sucesso

A organização do texto da carta é fundamental para uma boa compreensão. Seguindo as regras citadas aqui, não há como errar:

- Vá direto ao assunto. O primeiro parágrafo vai orientar o leitor sobre os passos, pontos-chave e prioridades da comunicação.
- Ao iniciar o texto, faça a recuperação do conhecimento partilhado. Seja conciso nessa referência para não cansar o leitor com detalhes que ele já conhece.
- Por fim, sempre deixe bem claros seus questionamentos e intenções comunicativas.

86 Evite fechos modernosos do tipo "Atentamente", "Sinceramente".

87 Na carta, retome o conhecimento comum de forma concisa.

Vá direto ao assunto → **Recupere o conhecimento partilhado** → **Deixe claras suas intenções**

Parâmetros de Boas Cartas

O Bom Exemplo	O Mau Exemplo
"Solicitamos a inscrição dos colaboradores João Santos, Roseni Paiva e Augusto Peçanha na terceira edição do curso Qualidade na Empresa. A ausência desses funcionários, originalmente indicados para a segunda turma, deve-se ao fato de que..."	"Tendo em vista a realização da terceira turma do curso Qualidade na Empresa, no período de 26 a 28 de julho, no Hotel Starflat, situado na Rua Romário Pena, 250, em Copacabana, e que o funcionário João Santos, designado para a segunda turma, não pôde comparecer por estar envolvido com a digitação da folha de pagamento, gostaríamos de solicitar sua inscrição no referido curso."
"Conforme sua carta 2334/DF de 23/5/99, solicitando troca de aparelhos de ar-condicionado com defeito, informamos que..."	"Com referência à carta-solicitação 2334/DF de 23/5/99, onde V. S.ª solicita a troca dos aparelhos de ar-condicionado, fornecidos por esta empresa, conforme nf 34254, já que apresentaram defeito logo após sua instalação, queremos informar que..."

COMO REDIGIR UM E-MAIL

No mundo da Internet, o e-mail desempenha papel estratégico, a ponto de substituir gradativamente as formas usuais de comunicação. Ele conjuga a agilidade do telefonema com a possibilidade de passar enorme quantidade de informações.

88 Letras maiúsculas ou em negrito são como um "grito" eletrônico. Evite-as.

DEFINA BEM O ASSUNTO

Seja específico na redação do "assunto" (subject) do e-mail. Recebem-se muitas mensagens diariamente e é importante saber do que tratam e se são relevantes. Feito isso, esquematize o que você quer dizer e escreva livremente. Releia o que escreveu e "delete" o que for inútil. Tenha coragem de cortar. Faça uma revisão gramatical e observe se as palavras utilizadas estão de acordo com o contexto a que a mensagem se refere. Formate o texto com fontes legíveis e de tamanho não inferior a corpo 10.

89 Responda a seus e-mails em no máximo 24 horas.

REGRAS DE OURO

Preserve o tom adequado nas relações com o leitor. Nos e-mails de negócio, evite usar abreviaturas, ícones de emoção e expressões onomatopeicas. Em mensagens "com cópia", selecione criteriosamente os destinatários –além de impedir a sobrecarga no fluxo de informações, evita o desconforto de o usuário receber mensagens que nada acrescentam. Na hora de responder, seja ágil. Redija textos curtos, de fácil e rápida assimilação. Quando houver grande quantidade de informações, o melhor é transformá-las em arquivos anexados.

90 Ser específico na redação do subject é meio caminho andado para se comunicar bem com o leitor.

FALANDO COM O CLIENTE – 1

Não importa grau de instrução, classe social, faixa etária. Todos são clientes –internos ou externos– e têm direito a uma resposta clara e profissional. Responda precisamente ao que foi perguntado. Imprecisão gera sempre trabalho dobrado, pois a resposta incompleta gera novo e-mail. Além disso, não perca o controle sobre a quantidade de informações. Se você passar informações que o cliente não pediu, pode criar problemas que ele não tinha. E mantenha aberto o canal de comunicação com outras áreas da empresa. Como ninguém escreve sobre o que não sabe, peça orientações por escrito, base para suas respostas.

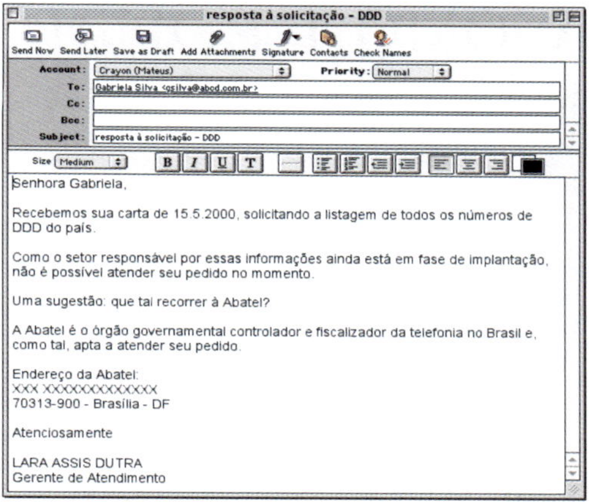

Senhora Gabriela,

Recebemos sua carta de 15.5.2000, solicitando a listagem de todos os números de DDD do país.

Como o setor responsável por essas informações ainda está em fase de implantação, não é possível atender seu pedido no momento.

Uma sugestão: que tal recorrer à Abatel?

A Abatel é o órgão governamental controlador e fiscalizador da telefonia no Brasil e, como tal, apta a atender seu pedido.

Endereço da Abatel:
XXX XXXXXXXXXXXXXX
70313-900 - Brasília - DF

Atenciosamente

LARA ASSIS DUTRA
Gerente de Atendimento

▲ **USE O TOM CORRETO**
A instantaneidade do e-mail dispensa alguns formalismos da carta. Seu tom deve ser coloquial, sem ser vulgar.

LEMBRE-SE

- 95% dos e-mails são piadas, correntes, propaganda indesejada e arquivos anônimos com possíveis vírus. Só 5% são informações que deveriam estar na rede efetivamente. Assegure-se de que seus e-mails encaixem-se nesse grupo.
- Quando a quantidade de informações for muito grande, prefira transformá-las em arquivos anexados. Os textos do corpo da mensagem sempre devem ser curtos.
- Evite utilizar expressões de emoção ou abreviaturas nos e-mails profissionais.

FALANDO COM O CLIENTE – 2

Em seus e-mails, procure também ser diplomático. Nada que o cliente diga é contra você especificamente. Por isso, não "grite" com o leitor (usando letras maiúsculas, por exemplo) e mantenha sempre uma atitude positiva. Tente em sua resposta citar trechos do e-mail do cliente, o que o fará sentir-se respeitado. Em vez de "Em resposta a seu pedido, informamos que...", escreva "Em resposta a sua solicitação de patrocínio para evento artístico, informamos que...". E se o cliente está certo, paciência. Um bom pedido de desculpas pode funcionar.

Além disso, foco no leitor, clareza, concisão, precisão vocabular, expressividade e uma dose de persuasão. Em resumo, esses são os ingredientes fundamentais para uma boa comunicação eletrônica.

COMO PREPARAR UMA MALA DIRETA

A mala direta permite selecionar criteriosamente o público-alvo, personalizar o texto e obter resposta direta do cliente potencial, além de reforçar relacionamentos. O custo é elevado, mas o retorno compensa devido aos altos índices de aceitação.

91 A taxa de retorno considerada boa internacionalmente é de 3%.

92 Incluir envelope de resposta aumenta a possibilidade de retorno.

DIFERENTES MEIOS DE MALA DIRETA

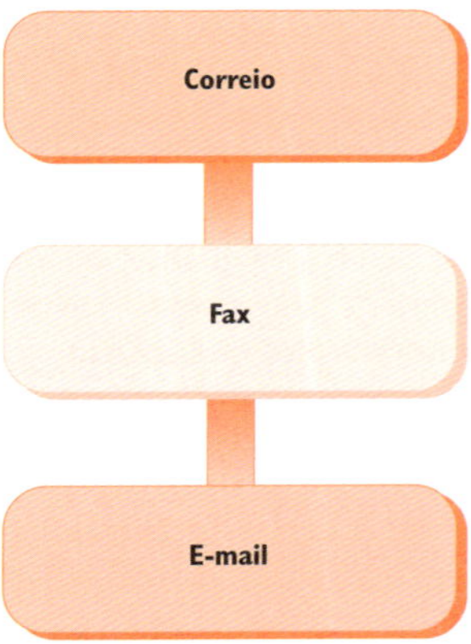

COMO ATRAIR A ATENÇÃO

Ao elaborar uma mala direta, seu primeiro desafio será chamar a atenção do público-alvo e despertar-lhe o interesse pelo que está sendo dito. Um título criativo, o uso de fontes diferentes, a combinação de cores e a estratégia de criar certo clima de mistério podem ser inteligentemente usados já no envelope da correspondência. Bem articulados, esses elementos cumprem a dupla função de despertar a atenção do leitor para o material e provocar o interesse de abrir o envelope para saber o que está lá dentro.

COMO APLICAR AS CORES

As cores podem ser importantes aliadas na hora de chamar a atenção do leitor. Preto e amarelo, rosa e rosa-choque, por exemplo, criam contrastes fortes, com ótimos resultados. Esquemas de cores opostas –vermelho x verde, violeta x amarelo ou laranja x azul– chamam a atenção do leitor. Cores selecionadas –vermelho, violeta e azul, verde e amarelo ou amarelo, laranja e vermelho– dão harmonia. Cores contrastantes –como combinações de escuro e claro– dão equilíbrio. O esquema monocromático –variações no texto da mesma cor– transmite unidade.

DESPERTE DESEJO

O segundo desafio de qualquer mala direta é criar argumentos convincentes capazes de fazer o público desejar definitivamente o que é anunciado. Agora é o momento de marcar benefícios. Clientes não compram produtos. Clientes compram economia, garantia de bom funcionamento, praticidade, poder, status, liberdade, aventura, proteção, segurança, lucro –elementos materializados no produto que está sendo vendido. A questão é garantir o apelo ou apelos mais adequados para instigar o desejo de ter.

▼ VENDENDO O PEIXE

Com um texto objetivo e claro, a empresa ICB consegue passar ao cliente a ideia de economia, praticidade, confiabilidade, garantia de bom funcionamento, apresentando argumentos convincentes e oferecendo benefícios concretos.

São Paulo, maio de 2000.

Ao
Britanic Bank

Senhor Charles Oddwell,

Atender a suas necessidades com eficiência e qualidade e proporcionar plena satisfação de suas expectativas são as grandes metas da ICB.

Para nós, isso significa:

- produzir painéis de poliedro com durabilidade e design inovador, pelo preço mais acessível do mercado;
- proporcionar a nossos clientes formas de pagamento mais vantajosas: a partir de três parcelas de R$ 211,00;
- simplificar a aquisição de nossos produtos: com o pagamento por cartão, o cliente fica isento da remessa de ordens de pagamento ou envio de boletos;
- agilizar a entrega de nossos produtos, sempre rigorosamente dentro dos prazos acordados, praticando tarifas especiais, graças às nossas parcerias com empresas aéreas.

Entre em contato conosco. E comprove que ICB é sinônimo de qualidade e eficiência.

Cordialmente

Divisão Comercial

93 Títulos sugestivos e criativos despertam o desejo do leitor.

LEMBRE-SE

- Inclua um número de telefone para discagem gratuita ou um endereço eletrônico para corresponder-se com o cliente. Isso aumenta a possibilidade de retorno.
- Sem uma estrutura de suporte adequada, seus esforços de comunicação irão por água abaixo.

RUMO À AÇÃO

O texto da mala direta tem de ser direto e as estratégias aqui diferem de outras formas de anúncio. Ninguém desliga a televisão na hora da novela para comprar o produto anunciado. O texto televisivo alimenta no subconsciente o desejo de ter. Para instigar ações imediatas, o redator da mala direta pode dar algumas "ajudinhas": oferecer reduções, preços promocionais, pequenos presentes, crédito atraente. Tudo para marcar benefícios. Nesse esforço, é importante apresentar garantias e testemunhos de usuários. E, se possível, aproveite o momento (aniversário do cliente, Dia das Mães, Natal).

COMO APRESENTAR RELATÓRIOS

A complexidade do assunto e o público determinam o tamanho e a estrutura a serem empregados no relatório. Há relatórios que não excedem a uma página, em que certamente não será necessário fazer sumário e prefácio ou criar anexos.

94 Uma boa folha de rosto "vende" muito bem um relatório.

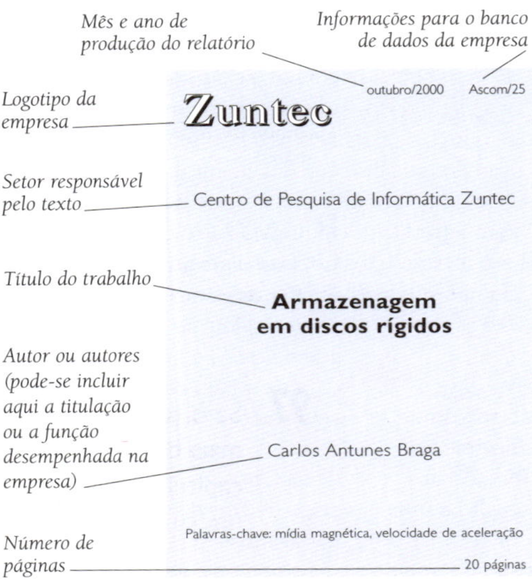

▲ A FOLHA DE ROSTO
A folha de rosto é o primeiro contato do leitor com o relatório. Por isso, deve ser um instrumento de persuasão.

O RESUMO EXECUTIVO

O resumo executivo, versão condensada do relatório, é uma necessidade hoje em dia. Habitue-se a fazê-lo logo após a folha de rosto. Assim, a leitura de todo o relatório deixa de ser obrigatória.

Comece o texto com um parágrafo curto –três ou quatro linhas–, com a tese do relatório. Depois apresente dados objetivos que confirmem essa tese, com um parágrafo de até quatro linhas ou dois parágrafos de, no máximo, três linhas cada. Ao final, explicite as medidas a serem adotadas e eventualmente os custos financeiros da implementação dessas medidas em no máximo seis linhas.

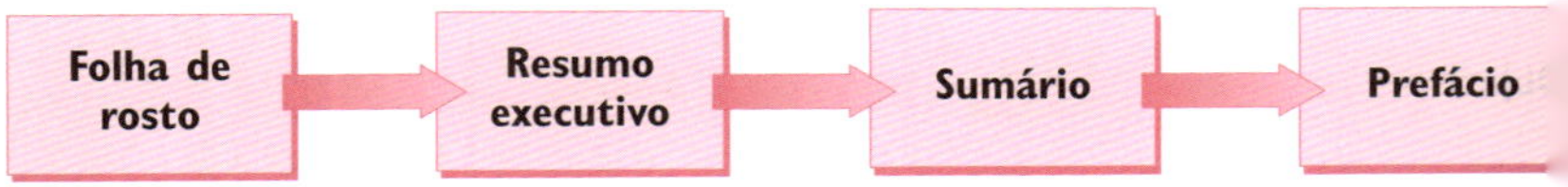

) Sumário

\ organização do trabalho em núcleos temáticos a indicação posterior das seções e respectivas áginas é uma saída sempre motivadora e inte-essante para mostrar os melhores caminhos para leitor entrar em contato com o relatório. E não onfunda sumário com índice. O índice é a lista etalhada dos assuntos, nomes de pessoas, nomes eográficos, acontecimentos etc., com a indicação e sua localização no texto.

95 Palavras-chave ajudam o leitor a saber que temas serão tratados.

O Prefácio

O prefácio corresponde à ficha técnica do relatório. Dele podem constar as seguintes informações: quem solicitou o trabalho; quem foi o responsável pela elaboração do texto –uma pessoa ou grupo de estudos; que outros departamentos contribuíram para a execução do trabalho; que documentos ele invalida ou substitui; que modificações técnicas significativas foram introduzidas em relação a edições anteriores desse mesmo trabalho; qual a estrutura do trabalho; como foi subdividido; e se existem anexos.

96 O prefácio é a ficha técnica do trabalho. Por isso é tão importante.

) Objetivo

. parte do relatório relativa ao objetivo deve oncentrar-se nas necessidades de informação do itor. Quem pediu o relatório quer informações irecionadas a fins específicos, para tomada de ecisões. Por exemplo: se houve um assalto a uma gência bancária, o diretor financeiro quer saber o ontante do roubo; o diretor de patrimônio, quais danos provocados nas instalações físicas da agên-a e os objetos roubados. Já o chefe de segurança uer saber se algum funcionário está envolvido.

97 Se o texto tiver mais de cinco capítulos, faça um sumário.

▼ **A ESTRUTURA-PADRÃO**
Os relatórios têm basicamente estes sete elementos. Em relatórios que não ultrapassam uma página, o sumário e o prefácio não são necessários, assim como anexos.

TEXTO PRINCIPAL: DA INTRODUÇÃO À CONCLUSÃO

Na introdução, identifique o solicitante, defina sucintamente o objetivo do trabalho e faça a exposição de motivos que determinam sua execução. No corpo do texto, apresente dados, análises e argumentos. Há várias maneiras de desenvolver o texto. Uma sequência particularmente interessante é o desenvolvimento por tópicos. Na conclusão, se o leitor está convencido da veracidade das informações, basta recapitular os principais argumentos, reafirmar informações e recomendar as ações.

98 Na introdução, recupera-se o conhecimento partilhado.

▼MODELO IDEAL

Um bom relatório apresenta algumas partes obrigatórias e outras opcionais, como mostra o exemplo abaixo.

Legendas

1. *Identificação do solicitante*
2. *Cuida de uma definição sucinta do objetivo do trabalho*
3. *Exposição de motivos que determinam sua execução. Isso recupera o conhecimento partilhado*
4. *Existência ou não de auxílio de terceiros (OPCIONAL)*
5. *Antecedentes relevantes (OPCIONAL)*
6. *Tese central a ser defendida (OPCIONAL)*
7. *Desenvolvimento por tópicos*
8. *Conclusão*

Senhor Diretor,
Por determinação da Presidência ❶, procedemos a estudo, em conjunto com a Engenharia, o Marketing e o Financeiro ❹, objetivando estabelecer o local apropriado para instalar o novo Almoxarifado da empresa ❷, uma vez que o atual galpão encontra-se inoperante ❸, após incêndio ocorrido em 24/5/99 ❺. O resultado aponta o município de Duque de Caxias como o mais adequado ❻.

Nossa indicação se baseia nos seguintes aspectos: ❼

Maior proximidade da Sede
No ano passado, houve falhas em nosso planejamento, pois não foi possível prever a enorme quantidade de pais, que preferiram comprar seus livros diretamente conosco, para fazer jus ao desconto de 20% que concedemos no varejo. Como a crise é grande, é natural que essa demanda este ano aumente em, no mínimo, 50%.
Temos de nos preparar adequadamente para isso, razão pela qual é importantíssimo que todo o nosso estoque fique concentrado em um galpão próximo à Sede.

Amplas facilidades de transporte
As estradas na região se encontram muito bem conservadas. Cabe lembrar ainda que, além dos correios, a Aricargo e a Aspex estão instaladas na cidade, o que vai facilitar sobremaneira as encomendas via aérea.

Baixo investimento inicial
A região é densamente povoada e vive um período de grande recessão econômica.

Há pelo menos três áreas interessantes (ver anexo B) para compra, além da possibilidade de aproveitamento da mão de obra local.

❽ Sabemos que a concentração em Duque de Caxias pode gerar alguns transtornos quanto ao envio de nossos produtos para nossos distribuidores do Norte/Nordeste. Nada, contudo, que não possa ser solucionado satisfatoriamente, com grandes benefícios para nossa Empresa.

COMO ESCREVER UM PLANO DE NEGÓCIO

Muitas vezes, sua proposta requer investimento e os financiadores em potencial querem ver um plano de negócio (ou *business plan*, em inglês). A proposta, a discussão e a conclusão desse documento devem ser muito claras. Sustente a proposta com informações detalhadas e projeções sobre períodos significativos (no mínimo por três anos). O plano deve mostrar que você conhece bem os assuntos financeiros, que analisou todos os fatores –na melhor e na pior previsão– e que há boa chance de lucro se o plano for concretizado.

AR PROFISSIONAL ▶

Garanta uma aparência profissional a seus projetos. Inclua título e sumário e faça a encadernação com uma boa capa.

)S ANEXOS

: comum os profissionais que devem produzir :latórios depararem com informações importantes mas que, incluídas no texto principal, odem deixá-lo muito pesado. Para evitar que so aconteça, deve-se utilizar o expediente dos nexos. Neles são incluídas informações pertinentes, esclarecedoras, exemplificadoras, que axiliam o redator na tomada de decisões.

99 Procure incluir no relatório análises, comentários e sugestões.

100 Deixe as informações acessórias para os anexos.

101 Se houver muita informação a ser passada ao leitor, não concentre tudo no texto principal.

TESTE SUAS HABILIDADES

A prática é a maneira mais eficiente de desenvolver e aprimorar sua redação. Analise as afirmativas a seguir e avalie seu desempenho como redator selecionando as opções que mais se aproximem de sua experiência real. Procure ser 100% sincero. Se a opção for "nunca", marque 1; se for "às vezes", marque 2; e assim por diante. Some tudo e consulte o quadro Análise de Resultados (pág. 69). *Use o teste para melhorar.*

CONTAGEM
1 Nunca
2 Às vezes
3 Várias vezes
4 Sempre

1 Eu uso a linguagem escrita como ferramenta diária de trabalho.

1 2 3 4

2 Eu só começo a escrever quando tenho certeza do que desejo efetivamente comunicar.

1 2 3 4

3 Eu tenho o cuidado de observar se não estou cansando o leitor.

1 2 3 4

4 Eu consulto o dicionário sempre que tenho dúvidas quanto à grafia de palavras.

1 2 3 4

5 Eu passo meu texto para alguém próximo avaliá-lo criticamente.

1 2 3 4

6 Eu leio em voz alta o que escrevi.

1 2 3 4

7 Eu deixo bem claro ao leitor quais são minhas intenções comunicativas.

1 2 3 4

8 Eu procuro ser cordial e construtivo ao escrever para as pessoas.

1 2 3 4

9 Eu me preocupo em usar a linguagem certa para a pessoa certa no tempo certo.

1 2 3 4

10 Eu procuro controlar a quantidade de informações que estão sendo prestadas.

1 2 3 4

11 Eu respeito o conhecimento do leitor sobre o assunto.

1 2 3 4

12 Eu deixo bem claro ao leitor as ações que ele deve executar.

1 2 3 4

13 Eu procuro evitar rebuscamento de linguagem e termos da moda.

1 2 3 4

14 Eu procuro não "gritar" com o leitor.

1 2 3 4

15 Eu faço revisão gramatical criteriosa daquilo que escrevi.

1 2 3 4

16 Eu me empenho em tornar a informação mais clara e de fácil assimilação.

1 2 3 4

17 Eu utilizo técnicas capazes de tornar meu texto visualmente atraente.

1 2 3 4

18 Eu organizo as informações antes de começar a escrever.

1 2 3 4

19 Eu analiso a mensagem antes de definir a estrutura ideal.

1 2 3 4

20 Eu procuro não ser mais importante do que o próprio texto.

1 2 3 4

21 Em meus textos, eu procuro preservar a face positiva da linguagem.

1 2 3 4

22 Numa resposta, eu tento dar ao leitor a certeza de que seu texto foi lido.

1 2 3 4

23 Eu leio as mensagens no dia em que as recebo e respondo-as de imediato.

1 2 3 4

24 Eu avalio quem deve tomar conhecimento da informação a ser transmitida.

1 2 3 4

25 Eu procuro evitar chavões e frases feitas.

1 2 3 4

26 Eu sempre busco aumentar meu conhecimento por meio da leitura.

1 2 3 4

27 Eu considero que informação e conhecimento de mundo são essenciais.

1	2	3	4

28 Eu cito *cases* para demonstrar a relevância de determinado ponto de vista.

1	2	3	4

29 Eu procuro separar o essencial do importante e o importante do acessório.

1	2	3	4

30 Eu utilizo as ferramentas que o computador disponibiliza ao usuário.

1	2	3	4

31 Eu me preocupo em prender a atenção do leitor e manter sua motivação em alta.

1	2	3	4

32 Eu procuro ser específico na coleta de informações.

1	2	3	4

ANÁLISE DE RESULTADOS

Agora que você completou a autoavaliação, some os pontos e verifique seu desempenho na tabela abaixo. Qualquer que seja o nível de sucesso alcançado, é importante lembrar que sempre é possível melhorar. Identifique suas áreas mais fracas e consulte as seções deste livro, para encontrar conselhos práticos e dicas que o ajudarão a aperfeiçoar suas habilidades de redator.

32–64: Sua comunicação escrita ainda precisa melhorar. Leia um pouco mais e pratique redação diariamente.

65–95: Sua comunicação escrita tem altos e baixos. Treine mais e logo, logo você vai sentir os bons resultados.

96–128: Você escreve muito bem. Mas lembre-se: você sempre pode melhorar.

ÍNDICE REMISSIVO

AGRADECIMENTOS

AGRADECIMENTOS DOS AUTORES

A realização deste trabalho deve-se em grande parte a Ana Luisa Astiz, diretora da Publifolha e nossa ex-aluna, que teve "feeling" para apostar na excelência de nosso trabalho. Um especial agradecimento à Lara, pela dedicação e paciência de digitar e redigitar infinitas vezes nossos originais e, em particular, a nossos alunos, razão maior de ser de nossas vidas ao longo de 25 anos de magistério.

AGRADECIMENTOS DA PUBLIFOLHA

A Publifolha agradece à Dorling Kindersley, editora responsável pelo planejamento e desenvolvimento da série original **Essential Managers**, pelas fotos cedidas.

Principal fotógrafo Steve Gorton; **Outros fotógrafos** Andy Crawford, Tim Ridley; **Assistentes de fotografia** Andy Komorowski, Lee Walsh, Nici Harper, Nick Goodall, Sarah Ashun; **Coordenadora de fotografia** Laura Watson.

Modelos das fotos Angela Cameron, Ann Winterborn, Ben Glickman, Carole Evans, Chantell Newell, Cornel John, Daniel Stevens, Felicity Crowe, Fiona Terry, Frankie Mayers, Gilbert Wu, Ian Midson, James Kearns, Jane Cooke, Janey Madlani, John Gillard, Karen Murray, Kiran Shah, Kuo Kang Chen, Lois Sharland, Lynne Staff, Maggie Mant, Marian Broderick, Mary-Jane Robinson, Miles Elliot, Mutsumi Niwa, Patrick Dobbs, Peter Taylor, Philip Argent, Pipa Oakes, Richard Hill, Roberto Costa, Sasha Heseltine, Sotiris Melioumis, Suki Tan, Ted Nixon, Teresa Woodward, Vosjava Fahkro, Wendy Yun, Zahid Malik.

The Image Bank, Brasil Romilly Lockyer (foto da pág. 4).

Dados Internacionais de Catalogação na Publicação (CIP)
(Câmara Brasileira do Livro, SP, Brasil)

Oliveira, José Paulo Moreira de
Como escrever melhor / José Paulo Moreira de Oliveira, Carlos Alberto Paula Motta. – São Paulo : Publifolha, 2010. – (Série sucesso profissional)

1ª reimpr. da 7ª ed. de 2009.
ISBN 978-85-7402-254-3

1. Arte de escrever I. Motta, Carlos Alberto Paula. II. Título. III. Série.

10-11676 CDD-808.0469

Índices para catálogo sistemático:
1. Arte de escrever : Português : Técnica de redação 808.0469